REDEFINE CONTRACT

FROM BUSINESS INTENTIONS TO LEGAL DOCUMENTS

刘瑛——著

重新定义合同

从商业意图到法律文件

第三版

法律出版社
LAW PRESS·CHINA
北京

图书在版编目（CIP）数据

重新定义合同：从商业意图到法律文件／刘瑛著.
3 版. -- 北京：法律出版社，2025. -- ISBN 978 - 7
- 5197 - 9899 - 4

Ⅰ. D923.6

中国国家版本馆 CIP 数据核字第 202557LX66 号

重新定义合同：
从商业意图到法律文件（第 3 版）
CHONGXIN DINGYI HETONG：
CONG SHANGYE YITU DAO FALÜ WENJIAN（DI - 3 BAN）

刘 瑛 著

策划编辑 周 洁 林 蕊
责任编辑 周 洁 林 蕊
装帧设计 汪奇峰

出版发行 法律出版社
编辑统筹 司法实务出版分社
责任校对 李慧艳
责任印制 吕亚莉
经　　销 新华书店

开本 710 毫米 × 1000 毫米 1/16
印张 17 **字数** 228 千
版本 2025 年 2 月第 3 版
印次 2025 年 2 月第 1 次印刷
印刷 涿州市星河印刷有限公司

地址：北京市丰台区莲花池西里 7 号（100073）
网址：www.lawpress.com.cn
投稿邮箱：info@lawpress.com.cn
举报盗版邮箱：jbwq@lawpress.com.cn

销售电话：010 - 83938349
客服电话：010 - 83938350
咨询电话：010 - 63939796

书号：ISBN 978 - 7 - 5197 - 9899 - 4
定价：68.00 元

凡购买本社图书，如有印装错误，我社负责退换。电话：010 - 83938349

第 3 版修订说明

以《最高人民法院关于适用〈中华人民共和国民法典〉合同编通则若干问题的解释》（法释〔2023〕13 号）（以下简称《合同编通则司法解释》）①为契机，本次在第 2 版的基础上对《重新定义合同》再做修订。

第 3 版修订事项主要有：

一是随着新的法律、法规、司法解释的出台进行内容调整。其中，修改较为集中的是第 3 章的 19（违约责任条款）、22（解除条款）、24（争议解决条款）、27（生效条款），第 4 章的 34.2（格式条款合同工作的注意事项）。

二是在第 3 章中增加了“17　知识产权条款”和“18　数据（含个人信息）处理条款”。

三是更新和增加了若干示例，其中个别示例来源于《数据合规实务：尽职调查及解决方案》②

此外，对于第 1 版写作中编辑提到的一些非常好的建议，囿于当时的写作水平和时间，未能落实，本次修订尽可能调整。

本次修订对第 2 版中的个别文字错误也予以修正。

2024 年 7 月 8 日

---

① 为方便阅读，本书中法律、法规、司法解释均使用简称。

② 刘瑛、李晓华著，法律出版社 2022 年版。

第 2 版修订说明

本次修订主要是因为《民法典》的颁布。与《民法典》相关的修订事项主要有：

一是按照《民法典》内容和条文序号对本书的正文、注释进行调整、修改。其中，修改较为集中的是第 1 版第 3 章之 20（解除条款）、23（通知条款）、25（生效条款），第 4 章之 28（对交易进行法律判断）。

二是结合《民法典》对第 1 版第 4 章之 32 进行扩充，增加了“32.3　互联网合同工作的注意事项”。

本次修订还参考了最高人民法院 2019 年 11 月 8 日发布的《全国法院民商事审判工作会议纪要》（以下简称《九民纪要》）的相关内容。

此外，本次修订增加了若干示例，集中在第 1 章之 1、第 2 章之 5.1.1、第 4 章之 28.2.1 及 31.2.1，其中个别示例来源于《互联网平台运营法律实务》①。

修订中对第 1 版存在的个别文字错误也予以修正。

2020 年 6 月 15 日

---

① 刘瑛、王玄、李晓华著，法律出版社 2020 年版。

合同颂歌（代序）

——为什么要写《重新定义合同：从商业意图到法律文件》

终于还是写了一本以合同为话题的书。

对于律师和公司法务人员（法律人员）来说，起草、审查和修改合同是再常见不过的工作。可能正是因为“近处没有风景”，合同工作往往让人觉得没有技术含量，至少听起来没有那么高端。但是，合同工作真的那么简单吗？甚至，我们真的了解合同吗？

对合同工作，我经历了从陌生到熟悉的过程。从一开始不知道如何下手，到起草、审阅、修改合同众多；从看到洋洋洒洒几十页、上百页的合同时的仰慕，到能够视需要在一两页到几十页体量的合同之间进退；从被客户抱怨或批评“只知道法律规定”（也就是不懂商业逻辑和客户的业务），到被评价“没想到这么了解交易和我们的业务”；从茫然于不知道在合同中应该写什么，应该修改什么，到能够围绕交易目标和客户的商业意图参与交易方案设计，协助客户搭建交易架构，再将交易方案和客户的商业意图以合同的形式呈现出来；从具体起草、审查和修改合同，处理合同纠纷工作，到为法学院学生、法律专业人士和商务人士讲授和介绍如何通过合同实现交易目标，防范和控制交易风险。合同见证了我的法律职业过程，并且还将继续伴随下去。

写一本与合同有关的书，这个念头隐隐存在，但屡屡被自己灭掉。总是觉得这个话题太老旧、太平常——合同不外乎就是把交易事项写清楚而已。

但事情并非如此。如同很多时候，精英会用不同的语言和不同国家的人交谈，却不会和身边的人交流。在为客户起草合同时，法律人员不仅要负责法律条款，还要理解客户的商业意图和诉求，在表达上，不但要逻辑清晰、准确无误，还要结构简洁、深入浅出。当我们需要告诉那些刚刚起步的法律人怎么起草或者修改一份合同时，不仅需要提示注意事项和操作要点，还要协助他们理解交易，建立商业逻辑，甚至要探究合同是怎么回事。这是一场关于合同的“从薄到厚”，再“从厚到薄”的轮回。

2015 年，我和法律出版社的吴剑虹女士（我 12 年前《律师的思维与技能》一书的编辑）说起那些对法律似是而非又不时被合同以及法律人员合同工作困扰的商务人士，以及即将或者刚刚迈进法律职业门槛的学生、实习律师、年轻律师，还有那些觉得合同的起草、审查和修改工作不够高端、大气、上档次的“大牌”律师。当然，也谈到了我对合同话题老旧的顾虑。作为底线颇高而又不失市场敏锐度的资深编辑和出版人，吴剑虹女士的态度让我决定写一本有态度并且让人看得懂的有关合同的书。

关于合同和合同工作的书籍不少。写什么，以及以什么基调和风格写，与作者对事情的理解和领悟、所处的职业阶段，乃至年龄、阅历、个性等有关，甚至与一个人的价值观有关。合同既是法律文件，也是商业文件。合同在法律的“壳”下，包含了商业的“芯”。因此，无论是起草还是修改、审查合同，都是从商业意图到法律文书的过程。囿于自己的功底，为了尽可能清晰地传递认识和感悟，我在书中使用了不少示例，其中绝大多数是我在执业中经手的实例（已经注意隐去客户信息和具体的交易信息）。使用这些示例只是为了弥补我表达上的欠缺，便于读者理解，而不是为了解答法律咨询，更无意给读者一个“范例”。

好书告诉读者的远胜读者自己体会的。我希望但没有奢望自己能够写一本这样的好书，而是本着“有态度并且让人看得懂”的标准去写。因此，如同 12 年前我在《律师的思维与技能》一书里没说什么新鲜的事情一样，在《重新定义合同：从商业意图到法律文件》这本书里，我依然没有什么新发现，更不可能发明什么。我相信，这本书里说的，都是读者知道的事情，我只是帮助读者发现没有这本书的帮助读者可能难以想起来的东西。一本书是要靠作者和读者共同完成的，即使是作者的自言自语，也不一定在读者那里就没有映射，读者可能会从书中读到一些已经存在于自己内心的东西。这样说来，如果本书能够让读者觉得“嗯，的确如此”，也就够了。

律师是法律人，也是手艺人。理查德·桑内特说，“技艺本身，绝不是一种和精神无关的机械性重复。然而，它也不是你花心思就一定能掌握的”。技艺的传承，不是三言两语就能够实现的，很微妙的地方也不是必定能教会的，需要在一起做事的过程中点滴感受，需要用光阴细细打磨。在法律行业里做一名手艺人，总的来说是幸福的。

作为法律文件的合同，不动声色地诉说商业故事，不仅成为我工作的一部分，而且早已毫无征兆地潜入我的生活。记得儿子还在上幼儿园时同其他孩子一样喜欢在纸上涂涂画画。一次，我漫不经心地问：“你在画什么呢?”“我在画合同呢!”他的回答自然而又骄傲。20 多年过去了，这段对话不时回响在我的耳边。

的确，合同已经悄无声息地潜入我的工作和生活，无处不在。

刘　瑛

2018 年 11 月 11 日

目　录

CONTENTS

第 1 章

界定：合同是什么

提　要

商业交易离不开合同，这一点法律人员和商务人员都知道，但是他们对合同以及合同工作的理解却不同。

在商务人员看来，合同是法律文件，理应由法律人员来完成，法律人员当然知道合同里面应该写什么和怎么写。因此，有的商务人员在对交易只有一些模糊思路和零散想法，甚至只是灵光一现的商业念头时，就要求法律人员给一份“拿出来就能签的合同”。而对于法律人员来说，合同虽然是法律文件，但是其中的约定体现了交易安排，因此，在给出“拿出来就能签的合同”前，商务人员要先想明白、说清楚交易怎么做。

认识上的差异不仅存在于法律人员和商务人员之间，还存在于法律人员之间。有的法律人员认为，起草、审查、修改合同都是法律工作，与商务或者交易无关。因此，他们把起草合同等同于套用合同模板，对合同的审查、修改也仅针对其中的法律条款。

合同是法律文件，但为一定的商业目的服务，其核心问题是商业问题。合同具有商业和法律的双重属性。合同的法律外壳下包含着商业的芯。

本书中的法律人员，包括了律师、公司法务等在企事业单位从事法律工作或者合同法律审核工作的人员。商务人员，泛指法人、非法人组织、自然人等交易主体，以及在这些交易主体中从事商务、业务、技术等非法律工作的人员。商务人员在本书中也被称为客户。

01 合同是法律文件，也是商业文件

合同①，是当事人之间达成的约定。这种约定具有法律约束力——当事人违反合同需要承担违约责任，合同对方可以寻求法律手段强制执行合同的约定。因此，合同是法律文件。

但合同仅仅是法律文件吗？当然不是。

示 例

从下面这份协议可以看出，甲方（用户）与乙方（电信运营商）签署的协议的主要内容是关于业务规则的说明，给业务规则披上了协议（合同）的法律外衣。

一、甲方自愿选择［·］套餐、办理［·］业务，并按照该套餐以及本协议的业务规则享有相应的权利、承担相应的义务。

二、就甲方办理的［·］业务，甲方有权使用乙方提供的号码［××××××××］（约定号码），并承诺接受以下业务规则：

1. 预存话费：甲方于本协议生效之日预存［·］元至约定号码对应的通信费账户，该费用仅用于抵扣约定号码在乙方产生的通信消费，不得提现。

2. 月保底消费：甲方承诺在本协议期限内每月保底消费为［·］元（月

① 本书讨论的合同是指《民法典》第464条第1款规定的合同，即“民事主体之间设立、变更、终止民事法律关系的协议”。

实际通信消费低于月保底消费的，按月保底消费收取；月实际通信消费高于月保底消费的，按月实际通信消费收取），保底消费期为［·］个自然月（自本协议生效之日起至最后一个自然月的最后一日止，协议生效当月为第一个自然月）。月保底消费自本协议生效之日起计算，本协议生效当月及终止当月按天折算。月保底消费只计算约定号码本身的通信消费［含语音、短/彩信、上网及数据通信、国际及港澳台长途、国际及港澳台漫游等费用，不含代收内容提供商/服务提供商（CP/SP）等第三方费用］。甲方不得以自身原因（如手机或SIM卡遗失、被盗、损坏等情况）为理由不履行月保底消费的约定。

3. 本协议期内，甲方可以申请约定号码的停机保号，停机保号期间预存话费不退，并持续执行月保底消费。

4. 本协议期内或届满后，甲方将约定号码过户给第三方的，甲方与第三方须按照乙方要求办理该号码过户手续，由该第三方与乙方签订新的号码业务协议。新的号码月保底消费及保底消费期等规则按照过户时乙方与该第三方签订的新的号码业务协议约定执行。

5. 本协议期内甲方对约定号码办理携号转网的，应当向乙方支付剩余的保底消费期的月保底消费总额的［·］%作为违约金。

三、本协议期限自双方签署之日起生效，至保底消费期届满止。

合同，是商业活动的一部分或者一个环节，为当事人的商业目的服务。作为法律文件，合同叙述着一项商业交易：哪些人（合同主体）在什么时间（合同期限）、什么地点（订立地点）商量（协商一致）以什么样的方式做某件事（交易）。这些人可以或者应该做什么、怎样做，不得做什么（权利和义务），以及如果做了不该做的事情，或者没有做应该做的事情（违约），有什么样的后果，如何承担法律责任。

因此，对于客户来说，在要求法律人员起草合同或者审查、修改合同前，应当先考虑清楚交易架构和业务安排等商业问题；对于法律人员来说，无论是起草合同，还是审查、修改合同，至少应当理解这是一个什么样的交易或者业务。

示例

【背景】某电商（合同甲方）就其与合作方（合同乙方）通过互联网销售手机终端事宜，将一份电子渠道手机销售合作合同交由律师审查。合同“第一条　合作概述”载明，“为了丰富甲方和乙方电子渠道的商品种类，提升各自的市场竞争力，双方经友好协商，就手机终端产品的合作销售事宜，达成如下条款”。接下来的条款约定了甲方和乙方之间的交货与验收、结算与对账、开具发票、维保、保证金及违约金等事项，还照搬其他合同中的权利与义务条款、陈述与保证条款、保密条款、不可抗力条款、法律适用和争议解决条款等。从形式上看，这份合同似乎有模有样。但是，对于甲方与乙方之间的具体合作方式或者交易方式，如以谁的名义和什么样的商业安排销售手机终端，合同只字未提。而这些是这项交易的基础问题，是对合同进行法律审查时必须了解的事项。

经与合同甲方（客户）业务人员沟通，律师了解到，这份手机销售合作合同源自客户的一份采购合同。但本次交易与套用的合同文本，无论是交易背景还是对应的交易关系都不同。首先，在作为参考文本的采购合同中，客户是买方，而在本次交易中客户是卖方。其次，虽然都是买卖关系，但交易标的不同，参考文本采购合同中的交易标的是设备，而本次交易既有手机终端（商品），也有“手机终端销售＋办理入网”（“商品＋服务”）。

从甲方、乙方之间的商业安排看，不是简单的买卖关系，而是有若干种商业模式，包括甲方在自己的网上营业厅和掌上营业厅等电子渠道销售产品（又分别有合作方作为甲方的供货合作商以及甲方为合作方代销商品）、甲方引入合作方以“店中店”方式销售、甲方在合作方的网络平台上开设专营店销售、甲方委托合作方代销等。交由律师审查的合同文本中的乙方将囊括不同商业模式下的合作方。

总之，这份电子渠道手机销售合作合同针对的合作方式的商业模式多样，销售的产品也有“商品”“商品+服务”等不同类型。在不同的交易模式和合作方式下，甲方和乙方的交易角色不同，对应的法律关系也不同。

【分析】对这样一份合同进行法律审查，法律人员需要先了解在不同交易模式或者合作方式下的商业安排。然后，针对在各种商业安排下甲方、乙方在交易中的角色，以及关于交货与验收、如何结算与对账、发票管理、售后责任等的约定，确定合同各方的权利义务、违约责任。**如果没有搞清楚商业安排、业务模式和业务场景等交易事项，审查合同，可能只是局限于所谓的法律条款，而无法触及各方权利义务的实质；而修改合同，可能只是无关痛痒的文字改动。这样的审查、修改工作，无法满足客户的需求。**

合同，与其说是法律文件，不如说是披着法律外衣的商业文件。当事人通过合同的一个个条款锁定了交易目标；通过交易步骤的约定，描述了商业交易如何完成，交易目标如何实现；借助违约责任等约定，督促交易各方按照约定做各自该做的事情，并对履行中可能出现的情况预设处理方案和规则。那些专业、规范的法律措辞和形式，是为了表达商业诉求和交易安排。合同的法律属性，不能替代或者覆盖其商业属性。合同既是法律文件，也是商业文件。在法律的外壳下，合同包含的是商业芯。

02 合同不一定冠以“合同”之名

从法律规定字面来看,[①] 合同 = 协议。什么情况下称合同，什么情况下叫协议，在实务中主要取决于习惯。

那么，除了“合同”“协议”，是不是其他文件就不是法律意义上的合同？或者说，合同工作的范围是不是仅限于冠以“合同”“协议”的文件？

法律人员会不时被客户问到，“我们不想和对方签合同，签一份意向书可以吗？”“公司合同审批流程麻烦，能不能只签个备忘录？”“我们和对方没有签正式合同，只有发货单，这在法律上算数吗？”

我们看两个示例。

示例 1

【案例】 苏某诉荆门某公司著作权权属、侵权纠纷案[②]中，法院认为，中国音乐著作权协会（以下简称音著协）和中国音像著作权集体协会（以下简称音集协）为解决在筹建新收费体系过渡期中产生的相关问题，不仅签订了合作备忘录，约定由音集协代为行使权利，而且在音集协与使用者实际签订的许可协议中，即使音著协没有在合同中盖章，也是以音集协、音著协的名义共同签订的。合作备忘录解决的仅仅是在特定时期内代为发放许可的方式

① 参见《民法典》第464条。

② 参见最高人民法院民事判决书，(2021) 最高法民再114号。

的问题，并不存在集体管理权的让渡，也不存在集体管理组织超出业务范围管理权利人权利的问题。因此，该合作备忘录并不违反《著作权法》和《著作权集体管理条例》的相关规定，应当认定其合法有效，在双方约定的期限内音集协对外签订的许可协议的效力及于音著协。

示例2

【案例】唐山某矿业有限公司（以下简称唐山某矿业）诉某集团公司、开滦某矿业有限公司（以下简称开滦某矿业）合同纠纷案[①]中，某集团公司、开滦某矿业、唐山某矿业、路北地税局韩城分局、农业银行高新区支行召开会议，就开滦某矿业付款、唐山某矿业缴纳税款和开具正式发票等事宜签署备忘录。对于开滦某矿业的主张除将备忘录等的明确约定作为依据外，并提供了中国农业银行进账单、唐山某矿业出具的收据以及相关证人证言等证据予以证明。二审判决据此认定开滦某矿业的该项主张成立。

可见，**在认定一份文件是否具有合同性质和合同效力时，并不能只看文件的名称**。除合同（书）、协议（书）、补充协议/合同、修订协议/合同、框架协议这些冠有合同、协议的文件外，那些名为合约、契约、备忘录、意向书、服务条款、隐私条款等的文件，都可能属于法律上的合同。甚至有些从名称上看起来与合同无关的文件，如存单、订（货）单、保险单、业务登记单、确认函、送货单、发票、招投标文件，都有可能是合同或者构成合同的

---

① 参见（2020）最高法民再241号，人民法院库参考案例，https：//www. lexiscn. com/law/content_case_analysis. php? case_id = 135657031&keyword = 77ya5pyA6auY5Lq65rCR5rOV6Zmi77yIMjAyMO%2B8ieacgOmrmOazleawkeWGjTI0MeWPt%2BawkeS6i%2BWIpOWGsyw%3D&t_kw = 77ya5pyA6auY5Lq65rCR5rOV6Zmi77yIMjAyMO%2B8ieacgOmrmOazleawkeWGjTI0MeWPt%2BawkeS6i%2BWIpOWGsyw%3D&eng = 0&search_keyword = %EF%BC%9A%E6%9C%80%E9%AB%98%E4%BA%BA%E6%B0%91%E6%B3%95%E9%99%A2%EF%BC%882020%EF%BC%89%E6%9C%80%E9%AB%98%E6%B3%95%E6%B0%91%E5%86%8D241%E5%8F%B7%E6%B0%91%E4%BA%8B%E5%88%A4%E5%86%B3&prid = d54a0ac4 - 55ab - b29e - 0cd4 - 244bec447665&crid = e63b3a84 - 75dd - 44da - 8240 - f907b9c4a110，最后访问日期：2024年7月6日。

一部分，从而具有法律约束力。

合同不一定冠以“合同”之名。对于涉及合同主体权利、义务，表明合同各方愿意受其约束的意思，并由合同各方达成一致意见共同签署或确认的文件，都应当按照合同对待。“合同的本质在于，它是一种合意或者协议。”①

① 王利明：《合同法研究》（第1卷），中国人民大学出版社2002年版，第8页。

03 “准法律文件”的备忘录和意向书

备忘录、意向书在交易中并不少见，它们通常是在交易初期阶段基于不同情形和考虑而签署的。例如，为了确定交易的框架，固化交易各方在交易中（往往是初期）已经达成的共识，对尚未达成共识的事项加以记录，表明各方都愿意继续往下协商。又如，出于避免对方在这个阶段同时与竞争对手接触的考虑。①

那么，当事人签署的备忘录与意向书与合同是什么关系？与预约合同是什么关系？

3.1 备忘录、意向书与合同应当有所区别

视交易需要及交易各方商议，对于备忘录、意向书中的有些条款可以作有法律约束力的安排（有约束力条款），对于有些条款则不赋予其法律约束力（无约束力条款）。无论是完全由无约束力条款组成的备忘录、意向书，还是包含了有约束力条款的备忘录、意向书，都应当与具有法律约束力的合同有所区别。

① 在实践中，存在有的当事人希望通过这个“准法律文件”争取更好的项目或吸引合作伙伴等想法和做法。尽管备忘录或意向书中常载明“除第×条外，本意向书没有法律效力”，但在某些当事人甚至公众看来，这样一个法律效力有限甚至没有法律约束力的文件，聊胜于无。在市场宣传等场合，当事人可以说“有这样一个意向”，而不至于无中生有。

示 例

[·] 项目合作备忘录

第1条　合资公司的设立

1.1　A公司和B公司共同投资设立合资公司，共同经营本备忘录项下[·]业务。

……

第2条　合资公司的经营

……

第3条　双方签订备忘录以后应采取的行动

3.1　自本备忘录签订之日起，A公司和B公司应成立专门筹备工作小组，负责业务运营准备、组织结构准备和人员准备等，商定合资公司设立时间表，尽快完成公司设立的各项工作。

3.2　A公司和B公司一致认同，争取在[·]年内完成合资公司的设立。

第4条　保密约定

双方应遵守[·]年[·]月[·]日签订的保密协议，对本备忘录的存在和所有内容及在项目洽谈、开展过程中接触到的商业秘密承担保密义务，未经对方书面许可，不得向第三方透露。法律法规、监管另有规定或保密协议另有约定的除外。

第5条　独家谈判

在双方洽谈期间（本备忘录签署之日至[·]年[·]月[·]日前），任何一方不得与第三方就本备忘录项下合资事项达成任何形式的协议。

第6条　知识产权

双方一致确认，一方并未因本备忘录从另一方获得该方任何知识产权（包括但不限于著作权、商标、商业秘密、专业技术等）或针对该知识产权的权利。

第7条　备忘录效力

7.1　**双方一致确认，除上述第4条、第5条对双方有约束力外，本备忘录仅反映双方就本备忘录所载事项所达成的意向，对双方并无法律约束力。**

7.2　**本备忘录一式［·］份，自A公司和B公司授权代表签字并加盖公章之日起生效，双方应积极履行，促成具体合作事项的谈判，并另行签订合同、协议对合作事项细节进行约定。**

【分析】这份备忘录针对设立合资公司的安排。无论是对于前期接触、洽商等准备工作，还是从确定合资意向后的公司设立，乃至今后的共同经营等事项来看，在设立公司这类投资项目中，各方投入的资金、精力往往较大，项目期限较长，当事人之间的关系比买卖、租赁等“一过性”交易更为紧密。交易对各方都比较重要。为此，对于阶段性工作取得的成果，当事人安排签署了备忘录，以固化已经达成的共识。但是，毕竟交易还处于早期阶段，所以仅将其中的保密事项和独家谈判权作为有法律约束力的条款。

那么，需要将备忘录、意向书中的哪些条款安排为有约束力条款、哪些条款安排为无约束力条款？

简言之，对于当事人无意承担合同义务或者不打算受到法律约束的事项，在备忘录、意向书中不要作出有法律约束力的承诺。常见的情况是，对于备忘录或意向书中的商务条款、交易接下来需要采取的行动，即使各方已经确定或达成一致，一般也安排为无法律约束力的事项；而安排为有法律约束力的条款或者事项，往往是针对交易一方或者各方有投入、有利益的事项，如保密条款和独家谈判权条款。其中，保密条款多是针对各方提供的保密信息，但也可能同时针对各方就本次交易的接触和谈判，对于后者是否需要保密，应当结合交易需要确定。

将独家谈判权约定为有法律约束力的事项，通常是在比较重要的交易或者投入较大的项目中，以避免对方在这个阶段同时与竞争对手接触。但是，如果将独家谈判作为有法律约束力的事项，应当设定一定的期限，期限长度取决于交易或项目需要。否则，当事人将无期限地被限制或被排除与其他潜在的交易方接触。

尽管赋予哪些条款法律约束力由当事人视需要确定，但是法律人员应当对这些安排下的通常理解及其后果向当事人作出说明和提示。

3.2 备忘录、意向书与预约合同应当有所区别

预约合同也称预备性合同，是合同的一种。它是指当事人之间达成的、约定在将来一定期限内订立合同的允诺或协议。当事人订立预约合同是将阶段性的谈判成果固定下来，希望将未能协商一致的内容留至将来磋商。在这一点上，预约合同与“准法律文件”的备忘录、意向书有相似或者相同之处，但是，并不能当然地将备忘录、意向书与预约合同等同。

那么，如何区别和准确定位“准法律文件”的备忘录、意向书与预约合同？

预约合同作为合同的一种，应当具备合同的一般成立要件，即内容具体确定，且表明当事人受意思表示的约束。如果仅仅表达订约的意向，不构成预约合同；如果未约定在将来一定期限内订立合同，或者虽然有约定但是难以确定将来所要订立合同的主体、标的等内容，也不能成立预约合同。[①]

尽管与本约合同有所区别，[②] 但是预约合同也是具有法律约束力的。预约合同的法律约束力在于，预约合同生效后，当事人一方拒绝订立本约合同或者在磋商订立本约合同时违背诚信原则导致未能订立本约合同的，人民法院应当认定该当事人不履行预约合同约定的义务。预约合同生效后，当事人一方不履行订立本约合同的义务的，对方可以请求其承担预约合同的违约责任。[③]

---

① 参见《合同编通则司法解释》第 6 条第 1 款、第 2 款。

② 预约合同与本约合同的区别关键在于，当事人是否约定将来仍须另行订立合同才能最终完成交易。参见黄薇主编：《中华人民共和国民法典释义》，法律出版社 2020 年版，第 949 页。

③ 参见《合同编通则司法解释》第 7 条第 1 款、第 8 条。

因此，如果当事人不打算将备忘录、意向书作具有法律约束力的安排，则备忘录、意向书中可以表达交易或者订约的意向，但不要约定在将来一定期限内订立合同的内容。换言之，如果备忘录、意向书能够确定将来所要订立合同的主体、标的等内容，并约定了在将来一定期限内订立合同，或者为担保在将来一定期限内订立合同交付了定金，则该等备忘录、意向书应当属于预约合同。①

3.3 有的备忘录、意向书在本质上就是合同

实践中不排除当事人出于某种考虑将合同冠以备忘录、意向书之名。例如，为了避开“合同”这样醒目或者刚性的字眼，而采用看起来更为温和或者弱化的“备忘录”；又如，为了规避公司合同管理要求，以备忘录或意向书之名，行合同、协议之实。这样的备忘录、意向书与合同、协议并无二致，应当按照合同对待。②

示 例

关于启用保函缴纳部分欠款事项的备忘

签订地：[北京]

甲方：[·] 公司

地址：[·]

法定代表人：[·]

乙方：[·] 公司

地址：[·]

法定代表人：[·]

鉴于：

1. 甲、乙双方于 [·] 年 [·] 月 [·] 日签订了编号为 [·] 的

---

① 参见《合同编通则司法解释》第6条第1款、第2款。

② 参见《合同编通则司法解释》第6条第3款。

《[·]合同》，于[·]年[·]月[·]日签订《关于〈[·]合同〉的补充协议》（以下合称原协议）。

2. 乙方按照原协议规定，已于[·]年[·]月[·]日向甲方提交编号为[·]的履约风险准备金保函以及[·]保函（以下合称原保函），原保函由[·]银行开具，有效期为[·]年[·]月[·]日。因乙方原因，原保函有效期届满后，未能按原协议要求提交新保函。乙方为开具原保函而向[·]银行提供的原保函项下资金[·]元仍处于银行冻结状态。

3. 乙方自[·]年[·]月账期起，一直没有按照原协议约定按期支付甲方结算款，且经甲方多次催告后仍未支付。截至本备忘签订之日，乙方拖欠甲方应支付、未支付款共计[·]元，结算款及违约金清单附后。

现甲乙双方经协商，达成如下一致：

第1条　双方同意共同于[·]年[·]月[·]日至[·]银行办理原保函的资金解冻手续，乙方承诺在解冻的同时立即无条件将原保函项下资金[·]元全部划转至甲方账户，偿还对甲方的相应欠款。甲方账户信息如下：[·]

第2条　双方一致同意，在本协议第一条履行完毕后，乙方仍然应当向甲方支付欠款余额[·]元。

第3条　如乙方未履行本备忘中的任何一项义务，甲方有权继续依据原协议约定追究乙方违约责任，直至启动合同终止步骤。

第4条　本备忘自双方加盖公章之日起生效。

第5条　双方承诺对本备忘的存在及其所涉事项保密，除根据法律规定外，未经对方书面同意，不得向任何第三方披露。

第6条　本备忘作为原协议的补充，与原协议具有同等法律效力。本备忘未约定的事项，双方仍然应当履行原协议的约定。

第7条　本备忘一式[·]份，甲乙双方各执[·]份，提交[·]银行一份，具有同等法律效力。

甲方：[·] 公司　　　　　　　乙方：[·] 公司

[·] 年 [·] 月 [·] 日　　[·] 年 [·] 月 [·] 日

【分析】 这份文件虽然名为“备忘”，但从中能够确定当事人的名称、标的、数量这些合同成立的必备条款；[①] 从内容来看，无论是关于交易事项的约定（如第1条～第3条），还是关于这份备忘的法律效力（如第4条），都已经构成甲、乙双方之间关于交易事项以及原协议的补充约定，其本质上就是合同。

虽然“准法律文件”的备忘录、意向书与具有法律约束力的合同、预约合同不同，但还是应当由律师等法律人员起草或审查。法律人员的专业性，一方面，能够确保交易框架在一开始即具有法律可行性，避免交易开展后不必要的调整或者调整成本过高；另一方面，能够更清楚、更准确地表达各方的意思，特别是避免对当事人本来无意承担义务的事项作出有法律约束力的承诺，确保当事人本意安排为无法律约束力的备忘录、意向书，不会被理解或者操作为有法律约束力的合同（包括预约合同）、协议。

① 参见《民法典》第470条第1款，《合同编通则司法解释》第3条第1款、第2款。

第 2 章

了解客户的商业意图

提　要

事实和法律是法律思维的两大核心，也是合同工作的支点。对于合同这样具有法律和商业双重属性的文件，无论是起草工作还是审查、修改工作，首先都要搞清楚事实，才能准确地作出法律判断，进而在工作中落实和回应。

合同中的事实，主要是指合同对应的交易。法律人员需要了解合同对应的是一个什么交易，在这个交易中客户的商业目标是什么，实现路径是什么，以及交易有什么样的背景、处在什么阶段。法律人员还要了解客户在交易中关注的问题，以及对合同工作的要求，等等。

但是，隔行如隔山，搞清楚交易，除了要懂得法律，还需要懂得商务。法律人员不仅要“像律师一样”具有律师的思维和技能，而且要懂得商业是如何运作的，具有商业思维。

04 懂得商务

对于法律人员来说，懂得商务，至少应当体现在具有商业思维以及熟悉与交易相关的行业或领域两个方面。

4.1 具有商业思维

具有商业思维，是说法律人员应当明白交易是如何运作的，应当理解客户是怎么想的。

4.1.1 了解交易是如何运作的

具有商业逻辑，了解交易如何运作，这是懂得商务的最基本要求，但商业逻辑却是不少法律人的短板。法律的专业训练几乎没有商业逻辑方面的，如果法律人再将自己圈定在法律专业里，就会加剧对商业逻辑的不敏感。

那么，培养商业逻辑从哪里入手？

培养商业逻辑，最直接和有效的方式就是看懂、听懂商业模式。商业模式既可能表现为一张商业架构图或者一个商业方案、一套商业计划书，也可能就是客户的介绍。

示 例

【背景】 A 公司打算做一个“信用分期购买手机”的产品，需要律师起草信用租机合作协议。对于交易安排，A 公司向律师提供了一张商业架构图

（见图 1），并说明，“律师看图就可以了解了。如果还有需要进一步了解的细节问题，可以再行沟通”。

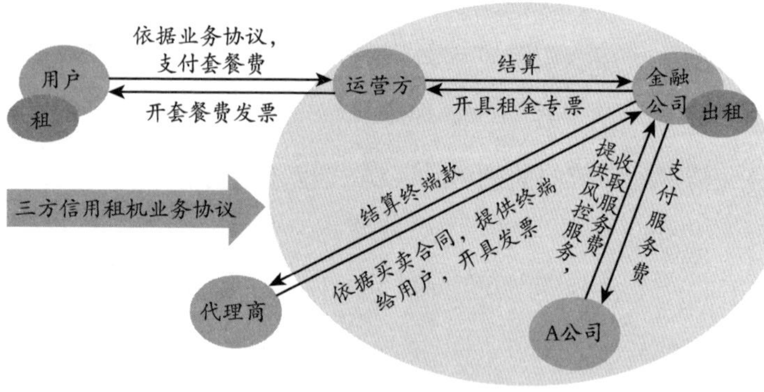

图 1　“信用分期购买手机”商业架构

【分析】 这是一项“看图写合同”的工作。为了全面、准确了解事实，律师后续不免要与客户交流，以进一步了解事实、澄清问题。在交流之前，律师应当对交易有一个大致的了解和判断，这样就要看懂图中的商业安排。例如，图 1 中列举的主体有五方，除用户之外，其余四方都是服务的提供方。对于这四方间的关系及其各自与用户的关系，这项交易实现的路径或者方式、业务流程是什么，特别是客户 A 公司的角色与定位及其与各方之间的关系等交易安排和脉络，律师需要先行了解，并能够梳理出问题要点，这样才能在后续交流中提出有针对性的问题。否则，缺乏与客户交流的基础，既会影响交流效果，也可能降低客户对律师的信任与配合度。

法律人员明白交易是怎么运作的，理解其中的商业逻辑，才能在交易关系与法律关系之间建立连接点，并用合同将商业安排和客户的需求展现出来。 否则，即便套用其他合同模板，也可能会错用；即使把客户的话一字不差地记录下来，也难以转化为合同条款。

4.1.2　了解客户是怎么想的

捕捉一切机会，想方设法促成交易，这就是客户的想法。相比之下，法律人员更关注交易中的风险。[①]

对于有些或者相当一部分客户来说，法律人员关注的风险可能根本不存在或者微不足道。其中，有的是因为“无知无畏”，有的则是心存侥幸，甚至铤而走险，抱有“如果按照法律要求根本没有生意可做”想法的客户并不鲜见。但是，更多时候，对于交易中存在的问题，客户并不是完全不知道，即使不是那么清晰地知道问题的法律后果，也还是会隐约觉得有问题、有风险或者感到不踏实。

对于法律问题和风险，客户的心态可能是复杂的：一方面，在将风险等同于机会的同时，却不愿意承担接受风险的责任。另一方面，在认为法律“束缚手脚”甚至将法律工作视为“交易绊脚石”而本能抵触的同时，又将合同乃至交易中的商业问题泛法律化，希望法律人员给出客户可以接受的替代性解决方案，或者至少给出没有问题的意见以分担责任。

有这种心态和想法的客户并不是个例。法律人员对客户心态和想法的了解，乃至对各自在交易中的角色、定位的理解，对正确处理合同工作与交易关系有直接的帮助。

在一项交易中，商务人员与法律人员的职责不同。商务人员负责“拿到订单”或者“拿下业务”，把合同签了。而法律人员的职责是在交易风险可控的情况下签订合同。在角色设定上，两者并存就是为了相互制衡，但法律人员与商务人员的目标应当是一致的。

在正确理解各自定位的情况下，法律人员应当准确识别和判断交易中的法律问题，而不是不加甄别地把大大小小的风险一股脑地罗列出来，更不能放大风险。

首先是对交易风险的准确识别和判断。**合同中，有的风险是由于违反法律产生的，也有大量的法律风险是商业性的，而且有的法律风险是“有价格”的，客户是否接受取决于风险与机会的性价比，还有的法律风险在本质**

① 可以结合本书第4章之“33.3　合同审查、修改工作中的风险处理”阅读。

上就是商业风险。法律人员在处理这些具有商业属性的法律风险和法律问题时，需要揭示、还原其商业本质，交由客户自行判断和处理。

例如，买卖合同中货物所有权何时转移的问题，看起来是一个典型的法律问题，但实质是个商务问题。法律有关于标的物自交付时转移的一般性规定，同时也明确规定当事人另有约定的除外。[①] 由此，对于合同约定标的物是在买方收到全款时转移，还是货物交付时转移，由客户作为商务风险判断即可。

其次是对交易风险的处理。对于具有商业属性的法律风险，即不触及法律底线、没有超出法律边界的风险，法律人员需要做的是把问题识别、揭示出来，并说明法律后果，由客户确定是否承受，而没有必要纠缠不放，也避免使自己被当成"交易杀手"。对于涉及触及法律底线或者超出法律边界的问题，法律人员在向客户揭示法律风险的同时，应当表明坚守法律底线的态度。具体可以结合本书第 4 章关于修改合同的示例理解。

一项交易，各方最终能够达成一致签署合同，不仅是交易各方博弈的结果，其中也不乏商务人员和法律人员的妥协。对于具有商业思维的法律人员来说，这种博弈和妥协体现在准确识别、判断交易中的问题和风险，并进行区别处理。

总之，法律人员除了需要"像律师一样"，还需有意识地培养商业思维，这样才能够基于法律思维，但又超越法律思维来思考和处理合同和交易中的问题。

4.2　熟悉与交易相关的行业或领域

法律人员懂业务，不仅要懂得法律业务，而且要懂得客户的业务。为此，就要熟悉与交易相关的行业或领域，具有该行业的基本知识，了解行业的基本规则和操作。

---

① 参见《民法典》第 224 条、第 606 条。

例如，起草融资租赁交易合同，应当熟悉融资租赁业务是怎么做的，了解业务中有哪些交易方，以及各方之间的交易关系。否则，可能将融资租赁合同与租赁合同混为一谈。①

又如，对一份云服务合同进行法律审查，其中很重要的一项工作是审查云服务提供商是否依法取得相应的增值电信业务经营许可证。法律人员如果不知道云服务就是《电信业务分类目录》中互联网资源协作服务业务，② 就很可能忽略经营许可证这个关乎合同效力的核心问题，对于客户为规避许可证而采取的各种“变通方式”，也难以识破。

懂得客户的业务，不但需要专注于特定的行业或领域，而且在业务迅速发展、专业化分工越来越细的情况下，需要不断跟进技术、商业的发展变化，完全靠经验“吃老本”是远远不够的。这一点对于社会执业律师来说，尤为必要。对于企业法务人员来说，虽然身处企业，有了解行业规则和业务的优势和便利，但是还需要有意识地关注和熟悉所处的行业，而不能认为这些业务事项与法律无关。

懂得客户的业务，既是理解客户商业诉求的基础，也是合同工作以及提供有价值的解决方案的基础。法律人员了解甚至谙熟客户所在行业的商务操作，还能够在很大程度上获得客户对其“圈里人”身份的认同，能够增强其对法律工作的信心和信任，获得开展合同工作的便利和优势。

---

① 相较于租赁关系，融资租赁是一种贸易与信贷相结合、融资与融物为一体的综合性交易。两者租赁的实质和目的不同，在合同当事人、对出租人的资格要求、租赁物的交付、是否事先拥有租赁物、是否可以反复出租、对租赁物的维修义务以及租赁期限、租赁期满后设备处置方法等方面也不同。从合同形式来看，法律要求融资租赁合同采用书面形式，而对于租赁合同，法律没有形式要求。从合同的主要内容来看，对于租赁合同，法律列举了包括租赁物的名称、数量、用途、租赁期限、租金及其支付期限和方式、租赁物维修等在内的条款。而融资租赁合同的主要内容，包括租赁物的名称、数量、规格、技术性能、检验方法、租赁期限、租金构成及其支付期限和方式、币种、租赁期限届满租赁物的归属等条款。参见《民法典》合同编第14章、第15章。

② 云服务是指互联网数据中心（IDC）业务中的互联网资源协作服务业务，即《电信业务分类目录》中的B11类业务。

05 了解合同对应的交易

合同往往针对具体交易。[①] 因此，懂得商务，需要以具体交易为落脚点。

合同记录着一项商业交易。为了能够在合同中约定这些人可以或者应该做什么、怎样做，不得做什么（权利和义务），以及如果做了不该做的事情或者没有做应该做的事情（违约），有什么样的后果，如何承担法律责任。落实到一项具体交易，首先要了解“哪些人（合同主体）在什么时间（合同期限）、什么地点（订立地点）商量（协商一致）以什么样方式做某件事（交易）”[②]。

5.1 从哪些方面了解交易

5.1.1 这是一项关于什么事情的交易

法律人员了解交易，首先要明白交易当事人之间要做的是一件什么事情。例如，是买卖还是租赁，是转让还是许可，是借款还是投资。

一项交易中可能有多个具体交易内容，涉及多个交易方。客户介绍（既有口头，也有书面）交易，可能按照交易的先后顺序叙述，也可能按照其认为的重要程度介绍。商务人员的介绍，可能是跳跃式的，缺乏体系性，也可

① 有时会应客户要求准备不针对具体交易的合同模板、示范文本等。

② 可以结合本书第1章之“1　合同是法律文件，也是商业文件”阅读。

能是零散或碎片式的，缺乏逻辑性，或者掺杂无关的信息，有时还可能有意、无意地“忽略”交易中的某些内容。法律人员了解“这是一项关于什么事情的交易”，既要掌握交易全貌，也要抓住交易核心。

示 例

甲公司向律师介绍，公司有一个软件开发项目拟由乙公司提供人力外包服务。双方约定：由乙公司派驻工程师（驻场工程师）到甲公司现场为甲公司［·］项目提供技术服务工作。驻场工程师由乙公司推荐给甲公司，再由甲公司筛选、评估后决定。驻场工程师的服务期为一年。双方对于甲公司的现场工作环境、驻场工程师的考勤，以及驻场工程师的专业技能及掌握程度、工作经历及经验、教育背景，都有详细的安排。在服务费及结算上也有约定，服务费采用固定单价（含税）的形式，按实结算。付款方式为月结费用，即由甲公司在每月前五个工作日内向乙公司提供驻场工程师上一个自然月的服务时间考勤记录，乙公司根据该记录准备并向甲公司提交付款申请，经甲公司确认后，乙方向甲方开具等额增值税专用发票，甲方在收到发票后15个工作日内支付服务费。服务费计算公式：单个乙方驻场工程师月服务费＝（驻场工程师月单价÷应出勤天数）×实际出勤天数。乙公司在项目开展中所有相关的保险、福利、利润、税金等一切费用均由乙公司自行承担。

甲公司介绍的双方商定的人力外包服务在本质上是技术合同，而无论是技术开发还是技术服务，乙公司既是受托方，也是“创作者”。由于知识产权成果归属遵循“创作者”优先的原则，对于甲公司来说，在合同中约定知识产权成果归属是非常重要和必要的。

【分析】律师对交易的关键点（技术合同）和全貌（采取工程师驻场的方式）有了了解，明白“这是一项关于什么事情的交易”，也就确立了法律关系的基调，以及合同的主要内容。

对于法律人员来说，了解交易是后续进行法律关系判断的基础。如果没有理解、吃透“这是一项关于什么事情的交易”，接下来判断交易对应的法律关系的难度就会加大，甚至会错误地适用法律规则。

5.1.2 交易有哪些参与方或者相关方

交易方或者合同当事人是谁，看似不是问题，但在实践中，特别是在涉及多方主体、商业关系相互交织的交易中，这个问题可能未必那么一目了然。

示 例

【背景】律师应某企业集团要求，就集团新开发的一款大数据产品起草一份大数据产品销售合同。该大数据产品由集团内的若干（法人）主体参与，集团内的各主体按照集团总部的安排和分工在集团内各司其职。商务人员在考虑业务安排、进行商业谈判或准备商业文件时，都是以集团的简称代表参与交易的本方当事人，对于集团内各（法人）主体在交易中的角色不加区分。

即便客户没有提出要求，法律人员在起草合同前也必须要考虑交易的合法合规性问题。如果将大数据产品向客户提供，可能会涉及数据的来源以及谁是数据信息处理者[①]等数据合规问题，结合交易安排需要考虑将由集团内的哪个主体作为合同当事人，以及集团内不同主体之间的数据处理关系。

经了解，该产品载明的服务提供方是集团中的A公司，拟确定的合同当事人是集团中的B公司，但提供数据服务所使用的数据为集团中A公司在运营中获取的数据。

【处理】面对起草合同这样一个看起来简单的工作，法律人员需要协助商务人员区分和厘清集团内部的业务管理关系与交易的法律关系，结合不同法律主体的角色以及对应的法律责任，在合同文件中加以落实。避免出现合同载明的当事人不是有权进行数据交易的数据处理者等合规问题。

---

① 参见《个人信息保护法》第73条第1项。

了解一项交易，首先需要了解交易发生在哪些主体之间，有哪些参与方，这些参与方在交易中分别是什么角色，起什么作用。

参与一项交易的主体可能不止两方。例如，一项买卖设备交易，除了买方和卖方，还会涉及设备生产厂商、运输商、服务提供商、代理商、银行、保险公司等。即便是同一主体，在交易中的角色和作用也会不同。例如，买方开户银行在交易中可能只是负责按照流程向卖方付款，但也可能需要开具银行保函。

这些与交易有直接或间接关系的主体，不一定都是合同当事人，至少不一定都会被安排为同一份合同的当事人。例如，在买卖合同中，可以把代理商、生产厂商一并作为合同当事人，并约定其承担相应的责任；也可以只列买方和卖方为合同当事人，约定其间的权利义务，再通过其他合同约定代理商和/或生产厂商与买方和/或卖方之间的关系。而对于同一家银行，如果只是开户转账，就不是买卖合同关系的当事方；但如果开具保函，就可能成为当事方（从属于买卖合同的担保合同的当事人）。

法律人员了解交易的参与方或者相关方，确定交易各方在合同中的角色，以便在后续工作中考虑如何搭建合同文件架构以及通过哪些合同对各交易方之间的权利义务作出约定等事项。

5.1.3 明确谁是客户（委托人）

在了解交易方的同时，还要确定法律人员的服务对象是谁，即法律人员为交易中的哪一方起草或者修改合同。

职业的内在要求需要律师、公司法务必须考虑其委托人（客户）的合法利益，或者说，将其委托人的合法利益放在首位。例如，在起草合同工作中，作为卖方的律师关注的事项，约定的内容，与作为买方的律师会有不同。

又如，对于是否在委托开发合同[①]中约定委托开发成果的知识产权归属

① 委托开发合同指当事人一方（委托方）委托另一方（受托方，研究开发人）进行研究开发所订立的合同，即委托方向受托方提供研究开发经费并支付报酬，受托方完成研究开发工作并向委托方交付研究成果。

的问题。由于委托开发的知识产权成果归属遵循“创作者”优先的原则，对于委托开发成果的知识产权（包括申请专利的权利、登记计算机软件著作权的权利），若合同未作约定或约定不清楚的，归属于受托方。[①] 由此，对于受托方来说，是否在合同中约定知识产权归属，可能不那么重要和必要。但对于委托方来说，则非常重要和必要。法律人员需要结合客户各自的角色和立场进行处理。

以委托人利益为目标的思维，是律师、公司法务等法律人员与法官、检察官、法律教师等其他法律人思维区别的重要一点。法律人员只有知道谁是自己的客户（委托人），才能站在客户（委托人）的角度工作。

5.1.4 客户的商业目标是什么

合同作为交易文件，是实现客户商业目标的一个重要环节。合同工作需要围绕客户的目标开展。法律人员需要了解客户通过这个交易想达到什么目标，而不能抛开客户的商业目标自顾自地开展合同工作，否则，工作会跑偏，甚至会南辕北辙。

示 例

客户介绍拟入股某城投公司，要求律师起草增资协议。经过对客户商业目标的询问，律师发现按照客户的方案，根本无法实现其商业目标。

【背景】客户介绍，某县某城投公司作为该县政府的投资建设平台公司，享有充分的属地资源，担负着协同政府发展该县、提升城市竞争力的任务。在建设某自贸区的大背景下，该县政府拟以增资扩股的方式为某城投公司引进投资人，以增强其实力，并希望借助新投资人的专业管理能力和经验，将某城投公司打造成当地开发建设的主力军。作为拥有房屋建设和市政工程总承包两个特级资质以及公路、环保工程、机电安装、装饰装修、钢结构等多项一级资质的某中央企业的全资子公司（客户）对该项目非常感兴趣，积极

① 参见《民法典》第859条第1款。

与县政府沟通、洽商，签订了战略合作框架协议。随后，双方相互考察，就增资后的某城投公司如何开展经营积极磋商，并一致认为，增资事项需要立即实质性推进。

在这种情况下客户找到律师，说明项目迫在眉睫，要求律师务必在当日给出一份“能够充分反映我方态度和要求的增资协议”。

【处理】 律师向客户了解了交易的背景情况，客户向律师提供了此前签署的战略合作框架协议以及客户内部的关于向某城投公司增资扩股的实施方案，并强调时间紧迫，律师先不要管其他事情，“我方只关心对新公司要有控制权”。当律师询问客户是否就新公司的股权比例与原股东有过商议，客户说明“我们双方都要控股，这个事情双方还在博弈中”，现阶段律师“在协议中先按照我们控股写，并且注意，即便我们不能控股，也要通过协议条款的设计和措辞不动声色地达到我们在新公司说了算的效果”。对于律师询问的某城投公司及原股东的基本情况，客户表示“签完增资协议后，如果需要，再请律师等中介机构进行尽职调查”。对于有关增资的其他安排，以及增资后公司的经营范围、组织机构及职权等事项，客户表示“这些都不是现阶段最关键的，我们还没有考虑过，律师都先按照最有利于我方的安排写在增资协议里”。

律师判断客户这个“已经基本谈妥”的增资项目距离签署增资协议还相当遥远。而且，根据律师对客户的了解，其是一家施工企业，对于其突然要参与本次投资项目是基于什么样的考虑，想达到什么样的目标，律师感到反常。对此，客户的答复是“出于战略性考虑”——入股某城投公司并且争取控股就是为了方便拿到施工项目。因为根据该县政府的文件，某城投公司负责承担政府投资项目的代建代管任务，其中有不少建设项目。但由于项目建设必须履行招投标程序，不能保证客户中标，而一旦成为某城投公司的控股股东，则可以将所有的建设项目交由自己施工。如此，律师得出判断，客户入股某城投公司并不是出于投资考虑，而是为了承揽工程。

对于客户增资的这个目标，律师结合对相关法律法规的解读告知客户，一旦成为某城投公司的股东（即使是控股股东），不但不可能实现“承揽建设项目”，反而恰恰事与愿违。客户最终意识到投资并不能实现承揽工程这个商业目标。

了解客户的商业目标，除保证合同工作不跑偏外，还可以通过合同工作促进客户商业目标的实现。

示 例

通过一个引进投资人的增资项目，看看理解客户的商业目标对合同工作的影响。

【背景】某客户打算通过增资的方式为其全资子公司引进投资人。根据律师参与项目了解的情况，出于企业战略布局和业务发展上的考虑，客户将引进的投资人定位为战略投资人，并将投资人提供的战略资源作为本次增资的一个重要商业目标。

【处理】在合同文本安排上，除常规的增资协议外，律师还准备了一份客户与投资人之间的战略合作协议与之配套，并在两协议之间建立关联，以使“投资人＋战略合作伙伴”的双重身份能够落实。

下面是战略合作协议和增资协议的部分内容。

关于［·］之战略合作协议

鉴于：

1. 甲方拟实施增资（以下简称本次增资）并引进投资者。

2. 乙方（投资人）能够为甲方提供战略价值，入股甲方后能投入较大的资源，充分发掘与甲方业务产生的协同效应，有效提升甲方业务的市场地位。并且，乙方承诺向甲方提供相关战略资源投入。

3. 乙方作为战略投资人参与甲方本次增资，并在签署本协议的同时与甲方、甲方的母公司及甲方引入的其他投资人签署了《关于［·］之增资协议》（以下简称《增资协议》）。

鉴于此，甲、乙双方经充分协商，签订本协议。

……

2.1　双方同意建立长期战略合作关系。双方充分发挥在各自领域的优势，围绕各自从事的行业和业务领域发掘合作机会，开展全方位、多领域合作。

2.2　双方坚持自愿、平等、互惠互利的原则，视对方为重要的合作伙伴。双方同意在符合国家相关法律规定、监管要求和各自公司管理制度且不对甲、乙方自身业务构成利益冲突的前提下，按照本协议约定实施战略资源的投入及合作，相互给予优惠和便利，相互借助对方的客户关系和渠道资源扩大市场份额。

……

7.1　本协议自双方法定代表人或授权代表签字并加盖公章之日起成立，自乙方作为战略投资者与甲方签署增资协议之日起生效。

7.2　合作期限内，乙方存在以下任一情形，本协议即行终止：

……

（5）乙方与甲方签署的《增资协议》因任何原因解除、终止或失效。

（6）乙方不再直接或间接持有甲方股权。

……

11.2　如乙方未按照本协议第［·］条约定投入相关战略资源，应当按照如下约定承担违约责任：［·］

在《增资协议》中，除了通常对投资人的要求外，律师还结合客户对投资人的特别要求作出有针对性的安排。

关于［·］之增资协议

……

第9条　本次增资的目的

9.1　标的公司拟通过本次增资引入投资人，以满足标的公司后续发展的战略资源需求和资金需求，通过引入产业战略投资人，为标的公司的业务发展提供战略协同资源，包括但不限于［·］。

……

【分析】在这个示例中，对客户商业目标的理解，如果停留在引进“投资人”层面，律师可能只需要准备一份增资协议；但如果理解为引进“战略投资人”，则基于战略投资人与财务投资人的不同定位，在协议文本的设计和协议内容上都要作出安排。

为了落实客户引进“战略投资人”的目标，在合同文本设计上，除了增资协议，律师还通过战略合作协议来强化战略投资人的定位及其投入的战略资源。在两协议的内容上也进行衔接和呼应，在战略合作协议的鉴于条款中，将签署两协议的背景、两协议之间的关系作为交易的背景和基础；在增资协议中，除约定投资人在增资事项下的义务外，将有关引进战略投资人及其提供的战略资源和资金明确为本次增资的目的。在对协议生效、终止的安排上，也在两协议之间进行关联。这种从文本到内容的安排，都是为了夯实客户“引进战略投资人”的商业目标。

法律人员只有了解并真正理解了客户的目标，才能在合同中作出回应和落实，才可能通过法律工作帮助客户实现目标。

5.1.5　实现商业目标的路径或者方式是什么

实现商业目标的路径、方式的重要性，不亚于交易的商业目标本身。确定的商业目标需要通过一定的方式和路径去实现。恰当的路径促进目标实现，而错误路径则可能使目标无法实现。

一个商业目标的实现，可以采取不同的方式和路径。不同的方式和路径对应不同的法律关系和法律规则，也对应不同的合同约定。

例如，客户希望为自己的产品建立一个市场销售渠道。在实现路径上，有代理、经销等不同的方式。虽然这些方式都可以达到客户的商业目标，但是在法律上却分别对应代理和买卖两种不同的法律关系。具体到合同关系，前者对应代理合同关系，客户是被代理人，代理商是代理人；后者对应买卖合同关系，客户是卖方，经销商是买方。两种路径对应的法律规则不同，在当事人权利义务等合同具体内容的设定上会有明显区别。

示 例

通过一个为移动通信转售试点项目提供服务的案例，说明面对不清晰的商业路径，律师如何与客户讨论、调整业务模式，帮助客户实现目标。

【背景】 移动通信转售业务，是指移动通信转售企业［虚拟运营商(MVNO)］从拥有移动网络的基础电信业务经营者（基础运营商）处购买移动通信服务，重新将该服务包装成自有品牌并销售给最终用户的移动通信业务。[①] 国外已有多年开展移动转售业务的历史和经验，中国在2013年开始业务试点，2018年转为正式商用。

作为某基础运营商的项目律师，起草、准备移动通信转售业务商业合同及相关法律文件，是法律服务的主要内容之一。律师应从业务政策、市场环境、定位、商业模式、法律关系等若干方面对文件以及一些国外虚拟运营商案例进行研究。

【处理】 从业务链条来看，基础运营商与虚拟运营商是业务上、下游渠道关系。身处需要业务经营许可证方可开展相关业务的行业，客户常用或者熟悉的渠道方式是代理，因此，尽管该项业务已经被明确为“转售”，但客户还是难以摆脱“找代理”的惯性思维，并认为“代理”和“转售”在本质上是一回事。客户从一开始就按照代理商的定位来安排与虚拟运营商之间的关系，并要求律师按照代理关系起草合同。当律师向客户提交包括转售商业合同的框架、主要条款和要点、各条款下需要客户关注的问题在内的合同条款清单时，客户该项目的负责人很不满地告诉律师，“你们写的这些和我们此前的代理操作不一样。公司的做法和你们提示我们考虑的这些问题在公司的代理商管理办法等业务文件中都有答案，请律师务必抓紧时间好好研读

① 参见《工业和信息化部关于开展移动通信转售业务试点工作的通告》（工信部通〔2013〕191号），《工业和信息化部关于移动通信转售业务正式商用的通告》（工信部通信〔2018〕70号）。

一下，参照公司的代理商管理文件写出合同就行了。律师准备的合同可以结合此前的经验，但不要偏离代理这个业务基调”。

面对客户观念里的“转售”等于“代理”，以及既定的以“代理”实现“转售”的思路，律师认为必须和客户交流。于是，律师反复向客户解释，转售与代理是两种商业渠道，对应的法律关系、规则以及法律后果等不同。同时，结合对本项目业务的理解，从对虚拟运营商的角色定位及业务管理、对转售品的定义及业务规范的确定、定价结算流程、转售业务品牌和品牌管理、服务质量保障、与最终用户的关系、开展业务所需的系统和技术支持以及商业保障机制、合同终止后相关事宜的处理等方面，提出律师认为需要关注的问题，与客户反复沟通。最终，客户终于明白转售不是代理，并且重新确定了业务和工作基调，与律师就转售安排（而不是代理）下合同需要考虑的事项进行讨论，完成了合同制作工作。

【分析】这个项目最终确定和实施的商业方案与客户既定的方案不同。虽然律师的“分内工作”是起草合同，但是当律师通过前期的调研准备工作，结合对相关文件和业务性质的理解，发现客户认知上的错误时，律师不是被动地接受客户指令去起草合同，而是主动、及时、充分地与客户沟通，避免了工作的反复，也为项目赢得了时间。而且，由于客户理解了转售与代理的区别，厘清了交易各方的角色和定位，律师在协助客户准备作为合同附件的业务文件时，也能够较为顺畅地沟通，基于“转售”定位落实商业目标。

法律人员了解了客户的商业安排和商业路径，才可能进一步分析和判断交易的法律可行性，才可能准确地判断交易对应的法律关系和适用的法律规则，才能对商业安排进行更有逻辑和更为准确的表述。通过合同增强客户目标的可实现性，特别是在客户的商业目标确定，但实现路径不清晰或者存在法律障碍的情况下起草或者修改合同，法律人员更是要和客户一起辨识问题，尽可能地解决其中的法律障碍，必要时通过调整商业模式和商业安排，增强商业目标可行性，而不能不加甄别地将客户的想法原封不动地收录在合同中。

5.1.6 交易的背景情况和进展

了解交易背景对于合同工作来说，不是可有可无的事情。合同对应的交易经过了哪些缔结流程，是否招投标；合同各方在哪些事项上达成了一致，哪些事项尚未谈妥，难点和分歧是什么；除了本次交易，交易各方有无其他合作，此前是否签署过其他文件，与本次交易的关系是什么；等等。这些交易背景情况都会对合同工作有影响。

例如，一项交易是否经过招投标，对合同工作有直接的影响。经过招投标的交易，合同标的、价款、质量、履行期限等主要条款应当与招标文件和中标人的投标文件的内容一致，并且，招标人和中标人不得再行订立背离合同实质性内容的其他协议。因此，如果客户在确定中标结果后需要法律人员准备合同，法律人员就应当向客户了解交易缔结的过程，查阅招标文件和中标人的投标文件以及中标通知书等，而不能仅凭客户的介绍起草合同。[①]

如同处理纠纷需要以事实为依据一样，合同工作也需要建立在了解事实的基础上。特别是对于合同这样一个汇总了交易方案、商业安排、各方谈判结果等在内的总结式的交易文件，法律人员无论是在交易伊始还是交易各方基本谈妥阶段介入，也无论是起草还是审查或者修改合同，其工作都要基于对交易事实的了解进行。

5.2 向客户了解交易的注意事项

对一项具体交易的了解，主要通过与客户的交流实现。作为当事人，客户从交易伊始就直接参与，对交易有全面的认识和直接的感受。除了获取交易信息，与客户交流还可以增强法律人员对交易的感性认识和商业感觉，有助于法律人员对整个交易的把握。

---

① 参见《合同编通则司法解释》第 4 条第 1 款。

5.2.1 在了解过程中应注意对交易的辨识与澄清

法律人员了解交易，需要客户介绍、提供资料，但又不能完全依赖客户的介绍和资料，还需要辨识，澄清事实。

所谓辨识，是指在某些情况下，客户向法律人员介绍的商业安排可能并不是其本意，特别是当这些安排涉及法律概念时，非法律专业的人员可能词不达意，表达的事项不确切。对此，法律人员不能停留于客户介绍的表面，还要结合客户资料、交易安排的来龙去脉，实现路径、业务流程等商业细节，准确判断商业安排的本意或者实质。

例如，客户介绍有一项“买卖软件”交易，需要法律人员起草一份合同。虽然客户介绍的是“买卖软件”，但是法律人员不能只听到“买卖”二字就认为交易一定是转让。如果进一步了解交易安排和操作可能会发现，客户所谓的“买卖”不是转让，而是软件许可。

了解交易，还需要注意澄清事实，特别是对于客户前后不一的说法、客户介绍的情况与提供的资料有出入等情况，更是需要向客户确认。

例如，客户要求律师起草一份关于组建合资公司的出资协议，客户介绍，由合资公司的核心员工组成的有限合伙形式的员工持股平台，也作为该公司的股东。但是，对于员工持股平台的设立安排，是在合资公司组建前设立，还是在合资公司组建后设立，客户说法不同。对此就需要澄清。

5.2.2 确认客户介绍的事实并加以固化

客户对交易的介绍既可以是口头形式，也可以是书面形式，或者兼而有之。

口头交流更为直接，但也容易随意变化，前后不一致甚至矛盾的情况时有发生，有的是因为客户疏忽，有的是因为客户不同、经办人的理解不同，还有的则是因为客户也没有想好。

示 例

客户拟向业务合作伙伴提供 a 业务，并由业务合作伙伴将 a 业务与客户自己的业务整合成一个新产品向用户提供。客户要求律师审核其与业务合作伙伴之间的合同。在介绍业务安排时，客户向律师说明，业务合作伙伴仅能将 a 业务与其自身产品整合后提供给用户，而不能将 a 业务单独提供给其用户。但律师在阅读客户事后提供的 a 业务的说明书后发现，其中载明“合作伙伴仅能向其用户提供 a 业务”。并且强调要将这一点在合同中体现为对业务合作伙伴的要求，如有违反，算作业务合作伙伴违约。对于这种口头介绍与书面说明不一致的业务安排，律师需要向客户澄清，该约定是仅限定其业务合作伙伴的用户范围，还是同时限定提供方式。

对于客户的口头介绍，为确定和固定事实，一个可行的方式是，法律人员记录下来，通过发送电子邮件等书面方式由客户确认。

书面形式，特别是由客户写出的交易情况，可以起到固化事实的作用。同时，在客观上可以促使客户梳理、思考业务安排，商业路径等交易事项，避免客户在只有一个模糊的思路或者零散的想法的情况下，就让法律人员开展合同工作。但是，客户通过电子邮件或者提供的资料等书面形式展现的信息，可能会比实际发生的情况有所缺失，并且可能存在词不达意、表述不准确等问题。因此，还需要阅读客户提供的交易资料并与客户沟通，以及必要的自行核实，以进一步确认事实。

对于法律人员来说，确认事实，固化客户介绍的交易情况，既是提供有效率的法律服务所需，也是降低执业风险的一种措施。

5.3 法律人员必要的自行核实

如同法律尽职调查不能完全依赖客户提供的资料一样，代理案件不能完全依靠当事人的陈述，了解交易情况，除客户介绍和提供的资料外，法律人员还需要自行了解、调查合同涉及的交易信息，以确定交易的基础事实。

示 例

【背景】某客户（C 公司）交由律师审查一份拟由 A、B、C、D 四家公司作为出资方签署的投资合作协议，约定共同出资设立Y公司。客户经办人向律师介绍了项目背景：各出资方已经谈妥商业条件，对投资合作协议的内容没有分歧。将该协议交由律师审查只是基于C公司的合同管理要求。因此，律师只需要看一下其中有无重大法律风险即可。

【处理】虽然客户明确了工作要求（言外之意“律师不要管那么多”），但是律师仍然按照规范勤勉尽责地工作。律师首先检索了国家企业信用信息公示系统，并意外地发现，Y公司在此前10个月已经设立，其股东分别是A公司以及投资合作协议载明的其他三方的关联公司B′公司、C′公司以及D′公司（而不是B公司、C公司、D公司）。由此，这项交易是新设公司还是转让股权？就此，律师致电客户说明从公开途径查询的情况，并向客户经办人求证。但客户经办人予以否认，并坚持要律师按照新设公司这个方向去审查此前提供的合同。在这种情况下，律师与客户经办人通过邮件说明了本次交易基调，并提示其关注。以下是律师提示摘要：

第一，关于交易的基本事实，以及对应的工作基调。该协议对应的是各方出资设立公司，还是股权转让。交易事实不仅影响协议的措辞、表述，更重要的是影响到本协议中权利义务的设定和本协议的定位。请贵公司务必关注。

第二，相关股东变更是否涉及国资交易程序。与上述第一点相关，如果Y公司已经设立，则将涉及股东的变更，且相关股东变更可能涉及国资交易程序。这一点也请贵公司一并考虑。

第三，关于股东优先权利。协议所约定的优先受让权、共同出售权和优先认购权可能同步引发国有产权交易相关的审批和程序问题。因为我们不了解相关权利条款设置的背景，目前无法预判将来优先受让权、共同出售权和优先认购权被触发时的具体情况，所以，请贵公司务必关注本协议所约定的优先受让权、共同出售权和优先认购权事项，届时是否能够满足国有产权交易程序（如涉及）所涉及的时间和程序要求。对此，我们也已在本协议的相关条款中作出提示。

综上，我们需要关注投资协议与公示事实情况不一致，并可能涉及股东变更手续的情况。因此，请贵公司关注投资协议的相关措辞、表述、权利义务的设定和定位。

【分析】 事后证明，Y 公司确已设立，只是因为客户内部的某种原因希望律师按照新设公司提出意见。如果律师完全依赖客户的介绍而没有核查事实，或者没有坚持意见并向客户发出有据可查的电子邮件加以提示，不排除客户认为律师没有勤勉尽责，认为律师工作不够细致，更严重的是，还会影响最终交易。这个示例虽然极端，但可以充分说明了解交易相关信息对合同工作以及整个交易安排的影响。

事实和法律是法律思维的两大核心，也是合同工作的支点。对于合同这样具有法律和商业双重属性的文件，无论是起草工作还是审查或者修改工作，都要先搞清楚事实，才能准确地作出法律判断，进而在工作中落实和回应。

06 了解客户的诉求

除了解交易外，法律人员还要知道客户关注的问题，以及客户对合同工作的要求。

6.1 客户关注的问题是什么

客户关注的问题，与交易的类型和特点、客户在交易中的角色等因素有关。例如，买卖合同的要点不外乎买卖什么（标的物），标的物的价格、质量、数量，如何交货，怎样结算等，但是买方和卖方的关注点有很大差别。

6.1.1 客户关注的问题与其角色有关

无论起草还是修改、审核合同，都要搞清楚客户在交易中的角色和地位。代表不同的主体，意味着代表不同的利益和立场。**准备一份有立场的合同，是合同工作的思维起点**。例如，同样是增资项目，但目标公司的原股东和新投资人的关注点就可能不同。

示例1

增资项目中原股东关注的问题。

【背景】T公司（目标公司）是C公司的全资子公司，C公司拟为T公司引进其他投资人。C公司作为目标公司的原股东，其关注点是其他投资人的资金能否按时到位。

【**处理**】基于此，在增资协议中对出资时间以及逾期支付的处理作出了严格的约定。

增资协议

1.3　出资时间

1.3.1　投资方应自［·］年［·］月［·］日起三个工作日内将本协议约定的认购价款减去已缴纳保证金（保证金自动转为增资价款）数额后的余额一次性足额存入目标公司指定的银行账户，或将本协议约定的认购价款一次性足额存入目标公司指定的银行账户，已缴纳的保证金将在足额交款后原路径无息退还。投资方逾期支付该等认购价款的按其逾期未付金额的［·］向公司支付违约金。逾期超过三日的，按照本协议第15.1条处理。

……

15.1　任何一名投资方逾期支付认购价款超过三个工作日的，或者投资方出现本协议项下重大违约行为的，或者投资方原因导致本次增资或其股东资格未能取得监管部门批准或办理完毕变更登记手续的，原股东和目标公司有权选择下述方式之一予以处理，并追究违约方的违约责任：

（1）取消违约方参与本次增资的资格，与其他守约方继续进行本次增资，并根据其他守约方实际认缴的公司新增注册资本的情况相应调整本次增资的新增注册资本，并办理必要的变更报批手续。具体调整方式及对相关方已支付的增资价款的处理按照第［·］条执行。原股东和公司采取该等方式处理的，守约方应配合原股东和公司重新按照本协议的条款和条件签署新的增资协议及所需的各项文件。

（2）向所有投资方发出书面通知单方面解除本协议，并追究违约方的违约责任。一旦协议按照本条约定解除，原股东及公司应负责将已支付增资价款的投资方缴纳的全部资金返还投资方（不计利息）。

示例2

增资项目中投资人关注的问题。

【背景】 S 公司以认缴注册资本的方式设立 L 有限公司（目标公司），且认缴出资的期限为 L 有限公司成立至成立后三年的第一个月。在 L 有限公司成立六个月时，S 公司拟为 L 公司引进投资人 T 公司且 S 公司同步增资。作为投资人，T 公司关注的是原股东的出资。

【处理】 对此，在增资协议书中设置 S 公司实际缴纳出资等增资出资的先决条件。

增资协议书

……

2.1　增资款缴纳安排

2.1.1　本次增资，S 公司和 T 公司应当以货币形式出资，并按照如下安排缴纳出资：S 公司应当于本协议生效之日起 10 个工作日内向公司指定的账户缴纳本协议第［·］条规定的其认购公司新增注册资本的增资款及在本次增资前认缴的公司注册资本［·］万元。各方同意，如果 S 公司未实际缴纳对 L 公司的注册资本导致公司债权人向 S 公司主张权利并要求 T 公司承担连带责任，S 公司将向 T 公司承担赔偿责任。

上述两个示例对应的事项都是引进投资人对目标公司增资。但是，原股东和投资人基于不同的角色以及交易的不同情况，其关注点完全不同。对此，在相关的合同文件中应当体现。

6.1.2　客户关注的问题可能反映交易的风险点

基于对法律的理解、实务经验、职业素养等，法律人员对于在交易中存在的问题和风险有其专业判断和专业敏感度，但是客户的判断，甚至“直觉”也值得重视。客户身处交易前端或者一线，从一开始就直接参与交易，不仅对交易背景和进展了解更全面，而且对交易有更直接的感受。他们关注或者担心的问题可能就是交易中的风险点。

示 例

某服务合同关于服务提供方指派的项目人员的约定。

【背景】 A公司作为服务接收方（合同甲方）采用业务外包的方式将某项目交由服务提供方B公司（合同乙方）完成。A公司曾遇到这样的情况：服务提供方B公司与其派往A公司提供技术服务的员工合谋，不签署劳动合同，在B公司与A公司的服务合同履行完毕后，B公司派往A公司提供服务的员工提出其与A公司之间存在事实劳动关系。为此，A公司非常关注服务合同项下潜在的劳动用工风险。

【处理】 在律师起草服务合同时，就需要对合同乙方与其员工之间是否依法建立劳动关系等事项作出特别考虑和安排。其中，就项目人员的管理作出了特别约定：

第3条　项目人员的管理

3.1　项目人员的指派

3.1.1　乙方应当按照甲方要求选取和指派项目人员。乙方应当确保项目人员具备为甲方提供服务所需要的相应资质（如需），并保证项目人员的素质和技能符合甲方要求。

3.1.2　乙方应当依法与项目人员签订劳动合同，为其办理法律要求的相关社会保险及公积金等各项保险。乙方应当向甲方提供其与项目人员签署的劳动合同复印件供甲方留存。

法律人员对交易中的风险点有了全面的了解、准确的判断，才可能在合同中作出恰当的回应和防范。

6.2　客户对合同工作有什么要求

6.2.1　客户对工作成果的要求

向客户呈现什么样的工作成果，在有的法律人员，特别是有的“专业”

律师眼里，可能是琐事或者没有什么专业技术含量的事务性工作，至少远没有确定客户商业目标、了解商业模式那么重要。但一份客户看着“顺眼”且“好用”的合同，同样关乎工作效果。

例如，同样是起草一份股权转让合同，可以是几十页，也可以是一两页。几十页纸的合同可能考虑得更周密一些，在一两页纸中可能也能把要点说清楚。但对于不同的客户来说，感受可能大相径庭。有的客户认为，几十页纸的合同烦琐，用两页纸把要点列出即可；而在有的客户看来，这样的合同才“专业”，这样的工作才“够认真”，这样的律师才“有水平”。

繁简程度不同的合同，除了体现出交易事项的复杂程度，以及考虑问题的周密程度有差异，还体现了不同的工作风格和合同文化。除了考虑交易事项本身的需要，还要结合客户的特点和需求。而不同风格及处在不同发展阶段的客户，在企业文化、经营理念、管理要求等方面有所不同，对法律工作的理解和认知也不同，再考虑到合同涉及的交易复杂程度、金额大小、对其重要性等因素，客户对合同工作成果的要求自然会有所不同。

即便为同一客户准备合同文本，也要根据交易的具体情况，搞清楚客户需要的是一份完整的合同文本，还是仅仅是合同要点；是为重复使用的合同模板，还是针对特定交易的文本；是供交易各方讨论、谈判的谈判稿，还是交易各方基本谈妥后的文本；是单一架构的合同文本，还是“框架协议＋订单”等配套文本；等等。

示 例

如何通过文本架构设计回应和落实客户对工作成果的要求。

【背景】某客户（买方）与其供货商有长期供货关系，框架性的买卖合同由客户与其供货商签署，但每笔具体交易可能由客户或者其子公司、分公司（作为采购方）分批向供货商订购，货款也由具体采购方分期支付给供货商。由于买卖双方交易关系在一段期限内相对稳定，在合同等交易文件的安排上，客户希望提高效率、简化交易文件，既不希望不同的采购方与供货方之间签订多份合同，也不希望子公司、分公司在具体采购事项之外与供货商签订合同或其他文件。基于客户的这个需求，律师在撰写合同之前，首先考虑从文本架构设计上简化交易程序（而不是上来就写合同条款），并确定采取“框架协议＋订单”的方式。

【处理】下面是框架协议和订单的相关内容。

［·］货物买卖框架协议

买方：A公司

卖方：B公司

……

第1条　定义

……

1.6　“采购方”：向卖方下达采购订单的采购单位。根据不同的情况，采购单位可以是买方，也可以是买方的分公司、子公司。

1.7　“卖方”：［·］，即订单中的供应商。

1.8　“双方”：卖方以及买方和/或采购方。

……

1.12　“订单”：由采购方向卖方下达的采购通知。样本见附件［·］。

第2条　协议标的及具体采购安排

2.1　买方和卖方同意由卖方作为买方的货物供应商，在本协议生效后至买方与卖方就［·］货物再次签订框架协议之日，按照本协议约定的条件和订单，由卖方出售用于买方和/或采购方［·］项目的货物。本协议附件［·］约定的供货份额为预估值，买方和/或采购方有权按照实际采购需求向卖方下达订单。

……

2.7　买方和卖方确认，卖方为本协议的货物供应商，未经买方和/或采购方书面同意，卖方不得将协议及/或订单分包或转包给第三方。

2.8　根据本协议下达的订单受本协议的约束。在本协议终止或解除后，买方和/或采购方不再向卖方下达订单，但双方仍应按照本协议的其他规定和已下达的订单继续履行已签署的订单，直至该订单下的权利义务履行完毕。采购订单终止或解除，不影响本协议效力。

2.9　双方约定按第2.9.1条约定的方式对采购订单的法律效力进行确认并由卖方传回采购方，以确认订单信息。如卖方在订单发出后［·］小时内未传回订单或对订单做修改，采购方有权拒绝确认订单的法律效力并且不承担任何责任。

2.9.1　订单确认方式为以下第［　］种方式：

（1）双方签字盖章。

（2）其他方式：［·］。

2.9.2　确认的订单一经传回，即对卖方具有约束力。未经买方和/或采购方同意，卖方不得再对所传回订单进行变更或撤销。卖方应将订单原件在［·］日内送达采购方（否则买方和/或采购方有权拒绝付款）。

……

订　单

订单编号：

供应商（卖方）信息：	采购信息：
供应商代码：	框架协议编号：
供应商名称：	采购单位：
联系人：	采购员：
电话/传真：	电话/传真：

采购订单总金额：				货币单位：	
项目名称：			项目负责人：		
采购订单号			到货时间		年　月　日
收货地址		联系人		联系电话	

续表

序号	货物编码	货物名称、规格、型号	数量	计量单位	单价	小计
合计						
备注：采购方和供应商确认：本订单受框架协议的约束。与本订单有关的争议将按照框架协议的约定解决。						
采购方（盖章）： 授权代表（签字）：		供应商（盖章）： 授权代表（签字）：				
供应商已确认上述条款。 年　月　日						

【分析】在这个示例中，律师首先针对本次交易结构和交易背景设计出“框架协议+订单”这样的文本架构。在框架协议中，除了约定了买卖合同通常的标的、价格与支付、交货与验收等商业条款，以及违约责任、不可抗力、争议解决等法律条款，还对具体买卖安排下“订单”的下达、确认流程做了详细的安排。而订单的内容也与框架协议的约定呼应。从文本架构到内容这样一系列的安排，都是针对这项交易的特定情况进行的。

如同工作的专业性需要通过法律服务过程来体现一样，合同工作的专业性也体现在服务中。了解客户对合同工作成果的要求，是服务的一个重要体现，并且在一定程度上会影响客户对法律服务的满意度。

6.2.2　客户对工作内容的要求

客户在交由法律人员某项合同工作时，可能还会或有意或无意地提出对合同工作内容的要求。例如，在交由律师修改合同时，客户可能会说，“我们和对方已经谈得差不多了，马上就要签约了。律师只需要看看大的方面有没有问题，如果没有明显的法律风险，就不要提也不要改了”。有的客户会更直白地说，“能不改就不改，能不提就不提”。

这个问题涉及对于客户的问题是法律事项，还是商务事项的判断，以及对法律工作的底线、工作尺度的把握等，既有对法律本身的理解，也有对法律服务的理解。对于客户的这种要求，法律人员首先要换位思考，在不突破法律底线的前提下尽量满足客户要求，但不应当将客户的这些要求作为法律工作的标准和尺度。

法律人员在具体工作中，对于合同存在的各种问题，应当揭示风险的依然要揭示风险，应当提示关注的仍然要提示关注，应当修改的还是要修改，应当拒绝或反对的更是需要拒绝和反对。这既是法律工作独立性的内在要求，也是防范职业风险所需。一旦合同或者交易出现问题，客户几乎会无一例外地将问题归责于法律人员，而无论当时交易时间多么紧迫，合同工作要求多么急迫，都不会成为豁免法律人员责任的理由。而那些曾经告诉法律人员“能不改就不改，能不提就不提”的客户，此时会诚恳而无辜地说，“虽然我们是提过这样的要求，但合同中哪些能改、哪些该提，这是律师才会判断的，我们不知道”。

法律人员应当基于专业而独立的判断，理解和处理客户的要求，对于客户对合同工作的要求，既不能简单地就事论事，也不能不做甄别地完全接受，更不能只做客户的传声筒。而是应该按照法律工作的规范要求操作，这既是对客户负责，也是避免法律人员职业风险的做法。

6.2.3　客户对合同工作的时限要求

尽管客户对法律人员工作时限的要求往往就是“尽快”或者“越快越好”，但是法律人员还是要事先与客户沟通清楚。特别是如果预计难以在客户要求的期限内完成工作，一定要尽早告诉客户，而不要在临近工作时限的最后一刻再告诉客户时间不够，甚至迟迟不做反馈，也不能以牺牲工作质量为代价来换取客户满意的工作时间。

第3章

作为法律文件的合同

提　要

一份合同无论由几部分构成,[①] 合同条款都是最重要、最核心的部分。合同应当有哪些条款、为什么要有这些条款，怎么写这些条款、为什么要这样写，这些固然与交易事项、当事人要求、交易习惯等有关，但是合同条款的设置和表述是有一定逻辑和规范的。

除了条款，合同通常还有名称，以便直观、简明地说明这是一个关于什么事情的约定。给合同起名字也有一些注意事项。

从文本架构来看，除单一合同文本外，还可能有“合同＋附件”“合同＋订单”“框架协议＋具体实施合同”等不同组合，有些复杂的交易，甚至需要一系列协议来落实。

本章将解析合同的名称、常见条款以及不同的文本架构，知其然和所以然。

---

① 北京市律师协会《律师办理合同起草与审查业务操作指引》(2013 年）中，将合同的组成部分分为合同首页、合同目录、合同首部、合同正文以及合同签署页（栏）以及合同附件。其中，合同首页，即合同封面（视需要设置)，常标明合同名称、合同当事人、合同订立时间；合同首部，即合同首页及目录之后、合同正文之前的部分，通常可依次包括合同名称、合同当事人及其具体信息、鉴于条款以及引言；合同正文，指合同首部之后、签署页之前，用于表述当事人具体约定内容的部分，是合同的核心内容；合同正文之后是合同签署页（如有）或签署栏；合同签署页或签署栏后是合同附件（如有)。参见该指引第 3 章第 4 节第 86 条、第 87 条、第 89 条。

将合同分为首部、正文、尾部以及附件四个部分。其中，合同首部，是合同正文前的内容，主要由合同名称、当事人身份栏、合同描述三个部分组成；合同正文，包括从第一个合同条款到最后一个合同条款的所有内容；合同尾部，主要是合同的签署栏；合同附件，有的合同有附件。参见中华全国律师协会编：《律师执业基本技能（下)》，北京大学出版社 2007 年版，第 121－122 页。

07 合同的名称

合同名称能够直观、简明地说明交易类型，恰当的名称有助于说明并帮助理解这是一个关于什么事情的约定。因此，除“合同”或者“协议”外，当事人通常会给合同起一个与特定交易相联系或者更有针对性的名称。

7.1 合同名称具有法律意义

根据法律是否规定了合同的名称，可以将合同分为有名合同与无名合同。[①] 有名合同，顾名思义，是指法律上已经确定了一定名称的合同。例如，《民法典》合同编列举的典型合同。

对于有名合同，法律在规定合同名称的同时，明确了这类合同关系的内容和对应的法律规则。因此，当看到以某个有名合同命名的合同时，通常可以初步判断这份合同项下的交易对应该有名合同的法律关系和法律规则。例如，看到名为“融资租赁合同”，会联想到《民法典》规定的融资租赁合同，而不是“租赁合同”。名称上的差别，体现两类不同性质的交易，对应不同的法律规则。[②]

无名合同，则是指在法律上未确定名称的合同。

① 有关有名合同、无名合同、混合合同、合同联立，参见王利明：《合同法研究》（第1卷），中国人民大学出版社2002年版，第24－28页。

② 参见《民法典》合同篇第14章、第15章。

因此，合同的名称，不仅仅是合同的代号，还具有法律意义。合同名称应当反映合同对应的交易或业务性质，且往往与一定的法律关系、法律规则相对应。

7.2 怎样给合同起名字

给合同命名，首先应当在交易关系与法律关系之间建立联系。同时，也要考虑交易习惯。

7.2.1 了解交易，准确判断对应的法律关系是给合同命名的关键

无论是有名合同还是无名合同，理解交易，准确判断对应的法律关系，进而确定对应的合同类型，是给合同命名的关键。

首先，对于交易对应的法律关系符合某类有名合同特征的合同，应当援引该有名合同命名。例如，《民法典》合同编第二分编列举了十几种典型合同，在给合同命名时可以援引。

反之，如果交易事项不符合某一类有名合同的特征，则应当注意避免以该有名合同给合同命名。例如，对于有关借款事项的合同，不要冠以“投资合同”，否则，可能会出现错误的理解或者其他不必要的解读，甚至给合同履行以及争议处理带来麻烦。对此，将在本书的“7.3 合同名实不符的隐患及处理”中做进一步说明。

有时，一项交易可能同时涉及若干法律关系，但交易各方希望只签署一份合同书。由此，一份合同书中包含若干有名合同。在给这样的合同命名时，可以结合对应的法律关系提炼交易要点。

示 例

一项设备买卖交易，除了设备的买卖（买卖关系），技术服务也是交易中的一个重要事项（技术服务关系），运行设备和系统还需要软件支撑（著作权许可关系），一方当事人可能委托代理商代为签订合同（委托关系）。对此，可以将合同命名为“设备买卖及相关软件许可与服务合同”。

其次，实践中大量存在的无名合同，不但从法律中找不到对应的合同名称，而且缺乏可以直接援引的法律规则，甚至对合同的类型也难以判断，在给这些合同命名时，可以采取提炼交易要点的方式。例如，某云服务提供商开展内容分发网络（CDN）服务的合同，可以命名为“CDN 服务合同”或者“CDN 产品合同”。

现实中，并不是每一项交易对应的法律关系都那么单一和纯粹。即使对于法律专业人士来说，准确判断交易对应的法律关系或者确定对应的合同类型，有时也不是一件容易的事情。因此，给合同命名这类貌似简单的事情，如果仅靠熟悉法律是不够的，还需要对客户的业务和交易有基本了解，这样才能准确判断交易或者业务关系对应的法律关系、法律规则。

7.2.2 结合合同在交易中的作用以及交易习惯和通常理解给合同命名

确定合同名称，还需要考虑合同在交易中的作用，以及交易习惯和人们的通常理解。例如，一份名为“补充协议”的文件，会很自然地让人联想到还有一份被补充的协议。又如，虽然股权转让交易在本质上是买卖关系，但是从交易习惯看，这类合同被冠以“股权转让合同”，而不会被称为“股权买卖合同”。

合同命名的过程，有时还体现了当事人的交易地位和意图。例如，一项设备买卖交易，对应的是买卖合同关系，“设备采购合同”这个名称，体现了买方的视角。事实上，在整个交易中买方有明显的交易优势地位，这份合同文本也是买方起草的。又如，有的当事人有意识地张冠李戴，将借款合同冠以“合作合同”之名，以掩盖其真实的想法。

总之，给合同命名的过程，也是对交易对应的法律关系进行判断和认定的过程，需要综合考虑法律关系、商业交易背景和习惯、当事人需求等因素。

7.3 合同名实不符的隐患及处理

在实践中，合同名实不符的情况并不少见。例如，“代理协议”约定的是有关买卖的事情，而借钱还钱的约定被冠以“投资合同”之名。由于合同名称具有法律意义，名实不符可能埋下一定的隐患。一旦遇到名实不符的情况，需要区分情形处理。

7.3.1 名实不符的隐患

合同名实不符，可能会造成对合同对应的交易关系、法律关系有不同的理解，或者引起其他解读甚至引起纷争，使法律关系处于不确定、不稳定的状态，给合同履行以及合同纠纷处理带来麻烦。

示 例

【背景】A公司与C公司签订有《H技术服务协议》。协议约定双方合作开展H业务服务，其中，C公司负责开拓市场，与客户签订服务合同，服务所需的技术由A公司向客户提供。A、C两公司在协议的“收益分配”条款中约定，双方合作收益来源于为客户提供服务获取的业务收入，由C公司自客户处收款后按月按照“三七开”的比例在C公司与A公司之间分成。协议有效期两年，签约后第一年，A公司按月收到C公司支付的分成款，但从第二年起，A公司再未收到C公司的任何款项。对于A公司的催收，C公司说明是因为客户拖欠服务费、调价等，认为不具备支付分成款的条件。对此，A公司不认可，遂依据协议约定的争议解决条款提起仲裁。

A公司在仲裁中提出的观点和主张之一是，虽然协议有分成约定，但A公司与C公司之间并不是合作关系，而是技术服务关系。《H技术服务协议》这个名称也可以佐证双方之间的关系。协议约定的“服务所需的技术由A公司向客户提供”，其实质是，A公司受C公司的指令向客户提供服务所需的技术，与客户签订服务合同的当事人是C公司，而不是A公司。因此，无论是客户拖欠C公司费用，还是C公司根据与客户签订的合同中约定的单方给予的任何结算变更、折扣或优惠条件，均不应作为变更或减少C公司应付A公司款项的依据。

从协议履行情况看，C公司举证说明，每年与客户签订或重新签订的合同以及收费方式的调整，均已通知A公司，A公司人员也直接与客户对接，完全了解客户付费以及变更收费方式等情况。对此C公司主张其与A公司之间系合作关系，而不是技术服务关系。虽然双方之间的合同是“服务协议”，但A公司的分成款完全取决于双方向客户提供服务所获得的业务收入，在C公司与A公司的收费方式调整的情况下，A公司的分成款也应相应调整。①

【分析】在这个案件中，虽然最后仲裁庭综合合同约定以及履行、证人证言等认定双方之间是合作关系，而不是A公司向C公司提供技术服务，但合同名称成为A公司的一个理由，使案件处理遇到周折，C公司为此不得不额外组织证据反驳A公司的观点，增加了案件处理中的不确定因素和工作量。

虽然合同名称对于合同的定性作用有限，合同性质的认定主要依据合同的内容，而不是合同名称，但是当依据合同内容无法确定合同性质时，当事人为合同选取的名称便可能成为当事人真实意思的一种体现，从而在合同的定性中发挥作用。②

7.3.2 区分情形，处理名实不符

合同名实不符的情况，有的是基于交易习惯，有的是因为认知错误，还有的则是当事人有意为之。无论出于什么原因，对于名实不符的情况，法律人员都要向客户说明合同名称的意义，及其与合同性质、对应的法律关系之间的联系，并对名实不符可能造成合同理解上的歧义、给争议处理增加不确定性等风险加以提示。③

---

① 基于本话题，对C公司向A公司支付分成款的条件是否成就，不展开分析讨论。

② 参见最高人民法院民事审判第二庭、研究室编著：《最高人民法院民法典合同编通则司法解释理解与适用》，人民法院出版社2023年版，第184页。

③ 参见《合同编通则司法解释》第15条。

对于因交易习惯或认知错误造成的张冠李戴，法律人员应根据对交易或者业务安排的了解，向客户解释和澄清这项交易应当对应的法律关系，并兼顾客户商业需求、交易习惯等，给合同起一个准确、贴切的名称。

示例1

某公司（合同甲方）业务人员习惯将销售（转售）其产品的经销商称为代理商，该公司与经销商（合同乙方）签订的合同名为“代理协议”，但是交易安排是乙方从甲方购买产品，再销售。对此，法律人员向业务人员说明买卖关系与代理关系在法律关系、适用规则特别是法律后果上的区别，并根据交易安排调整合同名称为“转售协议”。

对于有意为之，特别是对于那些旨在通过张冠李戴规避法律的客户，法律人员还可以向其告知，在司法实践中，对于“名为X合同，实为Y合同”的纠纷，法院会综合合同当事人约定的权利义务内容以及履行情况，而不会仅仅根据合同名称来判断和确定交易实质和合同性质，以打消其试图通过张冠李戴混淆法律关系，甚至规避法律的念头。

示例2

【背景】甲公司为了与A公司的股东乙公司进行某项合作，拟以投资的名义参股A公司。在投资合同中，甲乙双方除了约定甲公司作为股东投资，还约定了甲公司投资的固定收益，即如果甲公司在参股后的两年内，与乙公司之间的合作目标无法实现，则由乙公司向甲公司返还投资本金和一定的投资收益。根据甲公司的设想，在具体操作中，甲公司将依据投资合同以现金方式出资，并且将修改A公司的公司章程，办理A公司股权变更登记手续等，确保投入资金能够获得股权。同时，为了加强对乙公司行为的管控，甲公司将按照公司章程委派董事，参加A公司管理。对于这种安排，甲公司认为，虽然其本意是保底债权，但合同还是名为“股权投资”，在甲公司看来这种“名股实债”[①] 的安排可进可退、万无一失，即使达不到其合作目标，也可以保证随时退出 A 公司。

【分析】甲公司的这种做法显然是有意为之。律师在审查投资合同时提示甲公司，“名股实债”的核心特征是在进行股权投资时“保本保收益”。但是，其性质具体是股权投资还是债权投资，存在一定的争议。在司法实践中，法院对“名股实债”性质的认定不尽相同，需要结合案件具体情况判断。因此，这种安排并不能保证甲公司随时退出 A 公司，更不是万无一失。

① 也作“明股实债”。例如，《国有企业参股管理暂行办法》（国资发改革规〔2023〕41 号）第 8 条第 2 款规定，“不得以股权代持、‘名为参股合作、实为借贷融资’的名股实债方式开展参股合作”。《证券期货经营机构私募资产管理计划备案办法》（中基协发〔2023〕15 号）第 64 条规定，“（三）明股实债，是指投资回报不与被投资企业的经营业绩挂钩，不是根据企业的投资收益或者亏损进行分配，而是向投资者提供保本保收益承诺，根据约定定期向投资者支付固定收益，并在满足特定条件后由被投资企业赎回股权或者偿还本息的投资方式，常见形式包括回购、第三方收购、对赌、定期分红等”。

08 当事人条款

当事人信息可见于合同的当事人条款、通知条款，以及合同签署栏（页）。合同不同条款或者不同位置的当事人信息，设置目的、功能和内容不同，对此将在对应的条款中论述。此处是关于合同的当事人条款。

8.1 当事人信息及其法律意义

合同记载的当事人信息，在合同各方诚信履约时可能只是起到便于联系的作用，似乎看不出法律上的意义。一旦出现争议，其法律意义就会显现出来。例如，除当事人的公司名称外，合同中还可能记载法定代表人、代理人、授权代表、项目负责人、联系人等信息。这些信息在确定合同签订权限和履行等问题上，可能能起到证据作用，或者可以被用来强化证据关联性和真实性。

8.2 约定当事人条款的注意事项

当事人条款是合同的必备内容，[①] 一般位于合同名称下方，载明合同各方当事人的名称或姓名及住所等信息，旨在开宗明义地说明这份合同是哪些主体之间的约定。

---

① 参见《民法典》第470条第1款，《合同编通则司法解释》第3条第1款。

示例

买卖合同

买方：A公司（甲方）

地址：[·]

卖方：B公司（乙方）

地址：[·]

在当事人条款中应当列举当事人的哪些信息，并无一定之规。在实践中，能够达到确定和锁定交易方、便于联系的目的即可。

《民法典》列举了“当事人的姓名或者名称和住所”这两项基本信息，[①]其中，当事人的名称或姓名用以确定谁是当事人，住所有利于确定履行地、诉讼管辖、涉外法律适用的准据法、法律文书送达地点等事宜。下面是约定这两项信息的注意事项。

8.2.1 合同当事人名称或姓名

当事人是合同的主体，在合同中如果不写明当事人，不清楚谁与谁做交易，就无法确定享有权利的主体和承担义务的主体，一旦发生纠纷也难以解决。

约定当事人的名称或者姓名有两点注意事项：一是“全”，把合同的当事人无遗漏地写到合同中去；二是“准”，把当事人的名称或姓名写准确。

首先，关于“全”。一项涉及若干方的交易，如果交易各方参与协商并签订合同书，在约定当事人条款时，一般会把各方都列为合同当事人，不会遗漏。但有时，某个（些）当事人会被有意或者无意地漏掉。

示例

在一份由甲方（服务需求方）和乙方（服务提供方）签订的服务合同中

① 参见《民法典》第470条第1款第1项。

约定，乙方除了向甲方提供服务，还向甲方的子公司提供服务，并由这些服务接收方（甲方及其子公司）按照甲方与乙方之间的服务合同中约定的合同价格和付款条件分别向乙方支付服务费。

这份合同书貌似只有甲、乙两个当事人，但实际涉及的当事人还有甲方的子公司等主体。如果甲方没有获得其子公司等主体的授权，并且这些子公司也没有签署这份合同，在合同中处于“隐身”状态，日后，乙方根据与甲方的合同向“隐形”当事人主张权利时会有难度，或者可能因为甲方的子公司与乙方对商业条款的理解不一致而起纷争。

在合同中为其他人设置义务（如安排合同当事人之外的其他方付款）时，需要特别注意不要遗漏当事人。其道理在于合同的相对性——合同的约束力及于合同当事人。合同当事人无权为合同当事人以外的其他人设定合同义务，当事人享有的合同权利并不当然及于合同当事人以外的其他人。

其次，关于“准”。当事人的名称或姓名等信息属于客观情况，准确写明合同当事人似乎不应当有什么问题。但有时，事情可能并不像想象的那样清晰或者自然而然。

常见的现象是，当事人条款载明的当事人与合同签署栏中加盖印章或者签字的当事人不一致。例如，合同伊始载明的当事人是A公司和B公司，但签署栏中加盖的是A’公司而不是A公司的印章。又如，当事人条款载明的乙方当事人是“王刚”，但签署的姓名却是“王钢”。这种问题涉及“如何认定合同的当事人”或者“谁是合同的当事人”。在没有其他因素或证据的情况下，通常以加盖的印章或者所签姓名的当事人确定合同的当事人。

合同载明的当事人姓名或名称应当是法定名称，也就是当事人证照（如营业执照、身份证）上载明的名称、姓名。如果合同当事人为自然人，载明身份证件号码可以避免因同名同姓产生的混淆。

8.2.2　合同当事人的住所

实践中，比“住所”更常见的写法是“地址”。合同中载明的“地址”

可能是当事人法律意义上的“住所”，但也可能是当事人的经常居住地或通信地址等其他地址。①

无论是住所还是地址，在合同中常常显得可有可无。的确，合同中没有记载住所，并不会影响合同的效力。但是，合同记载当事人住所，便于履行或者便于证明是否履行通知义务。例如，在向交易对方发出敦促对方履行、解除合同等足以产生法律后果的通知时，按照合同载明的住所或地址发送通知，能够确保合同对方及时收到，或者被依法认定为“应当收到”。

从解决争议的角度看，尽管没有载明住所不会对管辖等事项构成实质性障碍，但合同中载明住所可能有利于确定成立地②、履行地③，并对法院管辖地的确定有意义。④

① 参见《民法典》第63条。
② 参见《民法典》第492条第2款。
③ 参见《民法典》第511条第3项。
④ 由于合同成立是由合同当事人中最后一方完成签名、盖章或者按指印程序，因此，最后签名、盖章或者按指印的一方的住所地可以被认定为合同签订地。

09 引言、前言、鉴于条款

引言、前言、鉴于条款不是合同的必备内容，却经常能够在合同中见到，通常用于表明交易目的，介绍合同背景、缔约背景，或者表明合同由各方当事人自愿协商一致而订立。

9.1 几种常见的引言、前言、鉴于条款

引言、前言、鉴于条款可能以不同的面目出现在合同中。

示例1

独家技术和咨询服务协议

本《独家技术和咨询服务协议》（以下简称协议）由以下双方于［·］年［·］月［·］日在北京订立：

A（北京）信息技术有限公司（以下简称A公司），一家根据中华人民共和国（以下简称中国）法律成立并存续的外商独资企业，注册地址位于［·］。

Y股份有限公司（以下简称Y公司），一家根据中国法律成立并存续的公司，法定地址位于［·］。

以上各方单称“一方”，合称“双方”。

示例 2

战略合作协议

引言

甲方是经市场监督管理机关及行业主管部门批准的具有法人资格及相应业务经营资质的支付机构，乙方是经中国人民银行批准设立的金融机构。为促进双方的共同发展，更好地为客户服务，甲乙双方本着自愿、平等、互利的原则，经充分协商，就电子商务支付相关事宜达成如下协议，并承诺严格遵守下列条款，行使各自的权利，履行各自的义务。

引言、前言有时以“鉴于”出现，即合同的鉴于条款。

示例 3

补充协议

鉴于：

1. 甲方、乙方于［·］年［·］月［·］日签订《××》（甲方合同编号［·］）（以下简称原合同）。

2. 因［·］，甲乙双方拟以本补充协议对原合同进行修订。

现甲、乙双方经友好协商，对原合同达成本补充协议：［·］。

9.2 引言、前言、鉴于条款的作用

引言或前言，通常用于表明交易目的，或者表明合同由各方当事人自愿协商一致而订立。

如果引言或前言中载明的内容在合同其他条款中有约定，合同可以不设置引言或前言。但实践中，基于表达上的过渡或者不突兀考虑，通常还是在当事人条款之后写一段引导式的话语。

示 例

合作协议

甲乙双方本着平等互利、优势互补、共同发展的原则，经过友好协商，就双方合作达成以下内容以供信守。

鉴于条款，主要用于介绍合同背景、固定基础事实以及引导阅读。

与引言、前言同理，一份合同是否需要写鉴于条款，视具体情况而定。如果合同有需要交代的背景情况，可以放在鉴于条款中；如果没有需要特别说明的事项，就没有必要增加这个条款。

引言、前言、鉴于条款虽然不是合同的必备内容，但其介绍了合同背景、缔约背景，表明了当事人订立合同的初衷和目的，可以作为解释合同考虑的因素。一旦发生争议，对合同各方订立合同的目的将起到辅助证明作用。[①] 因此，应当认真对待这些条款。

9.3 约定引言、前言、鉴于条款的注意事项

从表述看，引言、前言、鉴于条款应当简明扼要，将与合同订立有关的背景交代清楚即可。特别是当合同的签订或履行可能同时涉及或者影响其他合同、协议等法律文件时，应当说明相关的其他合同、协议等法律文件的背景情况。例如上文9.1关于补充协议的示例3，就在鉴于条款中列明补充协议所指向的原合同的签订情况和履行情况。

从内容看，引言、前言、鉴于条款应当是关于合同背景的说明或者作为阅读引导，而不是对当事人权利义务的安排。因此，一般不宜约定合同的实质内容，也不宜涉及双方当事人的权利义务（这也说明为什么它不是合同的必备条款）。

---

① 参见《民法典》第142条、第466条第1款、第510条，《合同编通则司法解释》第1条第1款。

10 定义条款

定义条款是合同的常见条款。下定义，旨在赋予合同中较为复杂的或者可能发生歧义的词语明确的含义，以便在合同中能够准确、一致地表述和理解。

10.1 哪些词语需要定义

需要定义的词语主要有以下情形。

10.1.1 合同的核心词语

合同的核心词语，是指理解合同所必需的或者安排合同权利、义务必须涉及的词语。这些词语的含义，以及对这些词语含义的界定，将影响对合同权利义务的理解，是理解合同其他约定的基础。例如，人身意外伤害保险合同中的“意外伤害事故”就是核心词语。

10.1.2 不易于理解或可能有歧义的词语

对于某些词语，不同的交易中、不同的语境下可能有不同的含义，不同的人理解可能也有不同。例如，咨询服务合同中的“交付件”，大数据合作合同中的“标签数据”。对于这些可能有不同理解的词语，需要赋予明确的含义，以免产生歧义。

10.1.3 专业词语

如同知识与常识是相对而言的，一个词语的含义是否足够清晰、是否专业到需要定义，也会因人而异。有的词语，对于业内人士来说可能是常见词语，但对于合同对方或者公众（常人）来说，可能并不了解其含义，或者有不同的理解。

例如，电信服务合同中的“选号入网”“合约购机”等词语，对于电信运营商来说，可能就是无须解释的常用词语；但对于合同另一方（消费者）来说，可能就有一定的专业性。消费者可能并不知道这些词语的确切含义或者在这份合同中的特定含义，由此可能会按照字面含义作出自己的理解。

因此，对于某个词语是否专业的判断，应当从合同各方（特别是合同拟订方的相对方）的角度来看，或者基于常人的通常合理理解，而不能仅仅从合同拟订方的角度考虑。这一点在格式条款合同中需要特别关注。①

10.1.4 被赋予特定含义的词语

有些词语虽然有其常规含义或者为大众通常理解的含义，但如果在合同中被赋予特定含义，对这些词语也应当加以界定和说明。②

例如，“设备”是一个普通词语，但在某买卖合同中，合同双方将设备的范围约定为“机器设备及备品、备件”。这样，“设备”在这份合同中就有了特定含义和指向。又如，如果只从字面上看，看不出一份服务合同中的“客户”“用户”有什么区别，似乎也看不出定义的必要性。但是，如果这份服务合同中的“客户”是指合同甲方（作为服务接收方的企业客户），而“用户”是甲方的员工，就需要对“客户”“用户”做说明。

示 例

“合格首次公开发行”系指［·］集团公司（或因集团公司重组而建立并实际控制集团公司在重组前的全部或实质上全部业务及享有全部或实质上全部经济利益的其他公司或实体或该等公司的母公司，且投资方在该其他公司或实体或该等公司的母公司中持股比例和股东权益与重组前投资方在公司

① 参见《民法典》第496～498条。
② 参见《合同编通则司法解释》第1条第2款。

中持股比例和股东权益保持不变，下同）之股份在各方认可的知名的境内证券交易所（包括但不限于上海证券交易所、深圳证券交易所，但不包括北京证券交易所、全国中小企业股份转让系统）上市和挂牌交易……

【分析】 首次公开发行是企业第一次将其股份向社会公众出售的行为。在这份协议中对于首次公开发行的界定有其特定的含义。对此，以定义加以界定说明。

10.2 下定义的注意事项

10.2.1 定义的含义应当统一

在同一份合同中，对于同一个词语的含义界定应当统一，不要给出不同的解释。

示 例

某设备买卖合同对于“合同设备”在不同的条款中分别定义为：

……

1.2 “合同设备”，是指本合同附件一所列的硬件和软件。

……

2.1 买方同意向卖方购买，卖方同意向买方出售机械设备（以下简称合同设备）。

【分析】 同为定义，2.1 与附件一所列“合同设备”的范围不同，这种定义极易产生争议。

10.2.2 定义在行文上应当保持一致

一旦定义某个词语，在合同中应当保持通篇一致。而且，被定义的词语不应当超出其在这份合同语境下语义解释的合理范围。例如，如果合同中将标的物定义为“设备”，就不要再称为“货物”。否则，可能因为混用出现理解歧义。

10.2.3 不要循环定义

循环定义可能会带来合同履行上的困惑和争议。

示 例

某“语音专线服务合同”中关于“主叫号码鉴权”的定义：

1.6 “主叫号码鉴权”：是指乙方（服务提供方）对甲方（客户，即服务接受方）使用语音专线的主叫号码进行鉴权。

【分析】该定义与其释义循环使用相同的词语，没有起到解释的作用。

【处理】经与技术人员沟通和澄清，改为，“主叫号码鉴权”：是乙方（服务提供方）对甲方（客户，即服务接受方）使用语音专线进行外呼时的主叫号码进行鉴别，如发现该等号码不是合同约定的主叫号码，乙方有权拦截。

10.2.4 定义中涉及的当事人之间的权利、义务

定义应当仅限于解释特定词语的含义，对于当事人的权利、义务应当放在合同的其他条款中。但是，**如果定义中约定了权利、义务，并不会因为它们被写在定义中而影响其效力**。

示 例

【背景】某设立中外合资经营企业项目中，中方是一个家族企业，外方非常关注对中方作出一系列不竞争限制。在中外合资经营企业合同中，“关联方”的含义及范围尤其重要，但对“关联方”的界定被安排在这份合同（外方律师起草的）“附1”的定义条款中。

“关联方”就任何一方而言，指直接或间接控制该方或被该方直接或间接控制的任何人，或与该方共同受到直接或间接控制的任何人。在本定义中，

"控制"一词与任何人关联使用时，系指通过拥有表决权证券、协议或其他方式，直接或间接拥有超过百分之五十（50%）的表决权股、注册资本或该人的其他利益，或者有权任命经理或管理委员会、董事会或类似决策机构的多数成员。在本定义中，"人"系指任何个人、公司、合伙、合资、企业、协会、合股公司、有限责任公司、信托、非法人组织、政府或政府组织。尽管有前述定义，在不影响前述定义的前提下，就甲方（指中方）而言，"关联方"还应包括L先生、其家庭成员及兄弟姐妹。

【分析】中方家族企业的注意力在合同正文，对于作为合同附件的定义条款，特别是被安排在"附1"中的"关联方"定义，则完全忽略，并且想当然地认为，"关联方"只是指作为法人的家族企业，而不包括家庭成员。在合同履行中，对这一定义的疏忽给中方家族企业后续行动带来很大的限制，使其处于被动局面。

需要特别注意的是，有的合同起草者有意识地将一些重要事项放在定义中，而合同相对方忽略了貌似无关紧要的定义，这些不起眼的定义可能成为陷阱。

10.2.5　给专业性词语下定义需要法律人员与客户充分沟通

对于有一定专业性的词语，如果定义由法律人员书写，应当确保准确理解该词语的商务或技术含义，并由商务人员或技术人员确认法律人员所作的解释或释义是否准确；如果由商务人员或技术人员书写，则要注意定义是否易于理解、没有理解歧义。如在前述"主叫号码鉴权"定义中存在的循环定义问题，经与技术人员沟通和澄清，"主叫号码鉴权"，是乙方（服务提供方）对甲方（客户，即服务接受方）使用语音专线进行外呼时的主叫号码进行鉴别，如发现该等号码不是合同约定的主叫号码，乙方有权拦截。

在给专业性词语下定义时，法律人员应当与相关领域的专业人员充分沟通，确保定义准确、无歧义。

10.3　定义在合同中的位置

对于需要定义的词语在合同中的位置，可以采取两种方式处理。

10.3.1　在合同条款中附带定义

如果合同中需要定义、释义的词语较少，可以在合同条款中以附带解释、括号解释等方式，在这个词语首次出现时的对应条款中加以定义，而不必专设定义条款，以使文本简洁易读。

示例

本协议适用于甲方购买和使用乙方的［·］解决方案，该等解决方案可能包括相关设备、相关程序和/或云服务或其他相关服务（以下简称相关组件）。

10.3.2　在合同中设置定义条款

如果合同中有较多词语需要定义，也可以专设定义或术语条款集中解释。定义条款可以是合同正文排序较为靠前或靠后的条款，或者作为合同附件。对于定义后的词语，可以以特别的字体（如黑体字）或格式（如下划线）显示，表明其在合同中是被特别定义的词语。

示例

某演员（艺人）经纪公司（丙方）与客户（甲方）签订的代言协议的定义：

1.1　在本协议中，以下的词汇如在文中未做特别解释，将被定义如下：

“广告物料”，指以艺人肖像及/或艺人原声为特征，为推广产品而制成的电视广告、广告录音及平面照片之合法、真实可靠的物料，其内容必须非暴力、非色情及合乎有关制作、拍摄、播放、广播、刊登广告物料在区域内之所有相关法律法规和规定。

“广告媒介”，指发布广告的媒介，其中包括：

（1）平面广告媒介，如报纸及杂志，室内促销及陈列、海报广告、户外海报、户外灯箱。

（2）广播形式的媒介，包括电视广告、电台广告等。

（3）互联网媒介，包括互联网新闻、视频网站、微博、微信公众号及朋友圈、“硬广”、网页推送等。

“电视广告”，指艺人根据本协议第 10.1 条的约定演出的电视广告片。

“艺人团队”，指艺人、艺人助理（包括丙方代表）和随行人员。

“产品”，指甲方在附件一所列产品。

“配音期间”，如电视广告制作无同步录音，指经由丙方认可的，并确认明确时间及日期，且包括在电视广告拍摄期间内时限不超过连续 1 小时的配音时间。

“脚本及故事版”，指由甲方预备且经由甲方及丙方书面确认同意的电视广告拍摄脚本及故事版。

“服务”，指在拍摄期间、拍摄地点、配音地点内，根据本协议第 10.1 条的约定为相应产品的电视广告、平面广告安排艺人作为主演者进行拍摄制作所提供的服务及出席新闻发布会。

由于种种原因，实践中当事人可能会对合同某些条款的理解发生争议。对争议条款的确定，需要探究当事人订立合同时的真实意思表示。对于有相对人的意思表示的解释，应当按照所使用的词语，结合相关条款、行为的性质和目的、习惯以及诚信原则，确定意思表示的含义。[①] 合同中的定义/释义，对于解释合同条款、探究当事人真实意思表示，有基础性的作用。[②]

① 参见《民法典》第 142 条第 1 款、第 466 条第 1 款。

② 参见《合同编通则司法解释》第 1 条。

11 标的条款

标的，是合同当事人权利、义务指向的对象，是合同成立的必要条件。[①] 没有标的，合同不能成立，合同关系无法建立。标的条款是合同的必备条款。标的条款通常被安排在合同条款序号靠前的位置，以确定合同基调，统领其他条款。

11.1 准确识别合同标的

不同种类的合同，标的不同。有的合同的标的，如买卖合同的标的物、租赁合同的租赁物容易辨识，在合同中也比较“显眼”；有的合同的标的，如软件许可合同中的权利、咨询服务合同中的服务行为，则不那么清晰，在合同中也比较隐蔽，不会冠以“合同标的”这样的字样，而可能冠以“服务事项”“合作内容”“业务内容”等用语。准确识别合同标的，对确定合同当事人权利、义务有直接影响。

示例1

一份物联网 M2M[②] 通道型业务合同关于合同标的（业务内容）的约定。

---

① 参见《民法典》第470条第1款，《合同编通则司法解释》第3条第1款。

② M2M是Machine－to－Machine的简称，指一方或双方是机器且机器通过程序控制，能自动完成整个通信过程的通信形式。M2M业务包括无线M2M业务和有线M2M业务，本示例中物联网M2M通道型业务专指无线M2M业务，即基于无线网络自动完成通信交互的无线终端开展的机器间通信类业务。

第2条　业务内容

2.1　乙方按照本合同约定为甲方提供基于乙方通信网络的通信服务，包括数据流量、语音、短信及其他相关电信业务。

……

2.3　甲方按照本合同约定向乙方购买相应物联网卡，使用乙方提供的通信服务。

【分析】对于这份合同的标的可能有不同的判断。从直观上看，合同标的似乎是物联网卡，但实质上，是物联网卡所承载的电信服务。这种判断，会影响到对合同权利、义务的设定，关系到对合同主体所需资质的判断。

示例2

【背景】某客户甲公司交由律师审查一份数据交易合同。甲方介绍的交易背景为：基于打造大数据服务产品、提升数据产品竞争力以及基础大模型训练、提升大模型能力的目的，甲方（采购方）拟向乙方（供应方）采购数据。对于采购的数据，甲方要求乙方将数据交付后将作为甲方的无形资产，由甲方享有控制权，甲方有权自主持有、经营、加工使用数据，并有权转授权及转售上述数据。从甲方所列的数据看，涉及的领域广泛、形态多样，包括企业信息、商情位置信息、图书教育医疗农业以及语音多媒体类信息等，有视频、文本、图片等数据。

【分析】在审查这样一份合同时，首先需要明确甲方通过这份合同采购的是什么。从甲方的技术规范中能直观理解所采购的“数据”是信息内容，但除此之外，还应判断是否涉及著作权（如在视频、图片等数据中），甲方是否还需要乙方提供配套的相关服务。这种判断，会影响到对合同权利、义务的设定，关系到对合同主体所需资格、授权的判断。

合同标的不仅可能不易识别，而且交易方式也会对合同标的产生影响。例如，甲方交由乙方销售产品，在商业安排上，可以由乙方作为甲方的代理商代甲方销售，也可以由乙方转售。两种商业安排对应的合同关系不同，合同的标的也不同。在代理关系下，合同标的是劳务；在转售关系下，合同标的是产品或服务。

由于标的的重要性和隐蔽性，在合同工作中，需要有意识地加以识别和确定，以准确判断合同对应的法律关系，援引恰当的法律规则。

11.2 准确约定合同标的

除合法外，合同标的还应当确定、可实现。落实在合同标的条款上，就是如何准确约定或者描述合同标的。这项工作的难度并不亚于识别和判断合同标的。

11.2.1 根据标的的情况准确描述合同标的

对于有形的标的，描述准确相对容易。例如，买卖合同的标的物，可以通过写明标的（货物、产品）的商标、品种、规格、花色、生产厂商等准确描述标的。又如，在房屋租赁合同中，除了载明租赁房屋的地址、位置（如门牌号），还可以对租赁物的概要情况作出描述，也可以考虑附图说明。

对于无形的标的，如权利、服务、劳务，描述起来可能就没有那么容易。例如，在咨询服务合同中，如何描述清楚服务，可能就是一件需要仔细考虑的事情。

示 例

【背景】客户（甲方）委托某律师事务所（乙方）就设立产业私募投资基金项目提供法律服务。在设立基金项目法律服务委托合同中对于服务内容的描述为：

2.3 乙方服务主要内容包括：

（1）协助甲方对基金方案提出完善意见，对有关在基金设立过程中遇到的问题提出专业意见和解决方案。

（2）代表甲方与合作方就合作的具体方案实施协商、谈判。

(3) 审阅、修订合作方负责起草的基金及管理公司设立的相关文件，如合伙协议、管理公司章程、委托管理协议等文件。

(4) 提供与基金设立相关的咨询。

为免歧义，乙方服务范围不包括基金及管理公司设立后的日常法律服务或具体投资事项、私募基金管理人登记以及与基金备案、基金及管理公司设立后内部合规制度的建立等工作。

【分析】在这个示例中，列举服务事项外，还通过“为免歧义”的约定，从正反两方面描述，以使合同内容或者工作事项更加准确。

11.2.2 约定标的的其他注意事项

为了准确约定标的，还需要注意两点：一是对于有法定名称、国家标准名称的标的，应当采用法定名称、标准名称，并且注意写全称，避免理解歧义。二是避免歧义。例如，对于同名异物和同物异名的情况，应当予以明确，以免日后各执一词，难以探究真实意思。

示 例

一件关于蔬菜买卖合同的纠纷。合同载明的标的物是“蒜苗”，买卖双方约定春节前交货，但是，由于不同地域的“蒜苗”指向不同——卖方所说的“蒜苗”在买方所在地被称为“青蒜”，而买方所说的“蒜苗”在卖方所在地叫“蒜薹”。春节前，两种蔬菜价格悬殊。验收时，双方发生重大分歧乃至诉诸法院。

【分析】从字面上看，这份合同的标的是清楚的，之所以产生纠纷，是因为买卖合同双方对标的的理解不同。如果在合同中能够考虑到同名异物的情况，将标的约定清楚，纠纷是可以避免的。

12 数量条款和质量条款

数量条款和质量条款确定了合同标的的具体条件，直接决定当事人的权利和义务。如果数量、质量约定不准确、不确定，虽然可能不影响合同的成立，但可能使得合同难以履行，或者为履行埋下隐患。

12.1 约定数量条款的注意事项

12.1.1 对数量的约定应当准确

数量不仅要有数字，还必须明确计量单位或计量方法。由于计量单位有通用与非通用之分，如果采用非通用计量单位，如件、包、捆，应当同时确定其具体含义。

12.1.2 根据合同性质考虑一定幅度的数量调整

某些交易，如货物买卖，由于商品的特点和运输装载，或者由于资源的变化、加工条件的限制等，实际交货的数量往往与合同约定的交货数量有一定幅度的增减。为此，可以在合同数量条款中考虑诸如溢短装这样的约定。除约定适当的机动或者调整幅度外，还应当明确如何调整幅度，或者由哪一方行使调整选择权，对于与数量变化相关的计价计算和调整方式，也应当一并约定。

12.2 约定质量条款的注意事项

12.2.1 质量标准应当确定并符合法律强制性规定

无论是针对货物还是服务约定质量标准，对于有强制性国家标准的，合同约定的质量标准不得低于该强制性标准。①

12.2.2 如何约定难以量化的标的的质量标准

相对于有可量化标准或者客观标准的标的，有的标的的质量标准不是那么客观和清晰，或者在合同订立时还不能确定。将这类合同质量条款表述准确、约定清楚，有一定难度。

例如，咨询、服务等以劳务为标的的合同，对于质量合格往往缺乏客观标准，通常以合同某一方（主要是接受服务方）的主观判断为依据，或者即使有标准，也是由合同各方以定性（而不是定量）的方式确定。在这种情况下，把质量条款写清楚，使之确定化，很大程度上是要把质量标准描述准确、清楚。为此，可以通过约定检测标准、测量方式和流程等方法，明确质量标准。

示 例

某咨询公司（合同乙方）起草的咨询服务合同中关于所提供的服务及质量的约定。

某咨询服务合同

第 1 条 服务

1.1 乙方应当提供本合同及合同附件中所载明的咨询服务，并向甲方交付相应的交付件。经双方授权代表书面签署确认后，可以对服务范围进行调整。

……

① 参见《民法典》第 511 条第 1 项。

1.5　“交付件”是指乙方依照本合同约定由乙方自行为甲方制作的交付成果（附件所述“交付成果”）。“服务”是指乙方为履行本合同及合同附件中所规定的任务而提供的服务。

……

第6条　品质保证

6.1　乙方保证将以良好和熟练的方式提供服务。除非本合同附件《工作说明书》另有约定，否则在该等服务提供后的［·］日内，如乙方获悉其存在违反本保证的任何行为，乙方应当采取商业上合理之措施予以纠正，并承担由此产生的费用。

6.2　乙方进一步承诺，其原创内容的交付件在交付给甲方后的［·］日内将在实质上符合双方同意的有关规格。

6.3　如果在任何交付件交付后［·］个工作日内，甲方未以书面形式向乙方特别指明其不接受的原因，或者甲方已实际使用该交付件，该交付件即视为已被甲方接受。

7. 甲方应当在收到乙方提交的任何交付件后［·］个工作日内以书面形式向乙方作出答复。否则，视为甲方已收到该交付件。甲方收到交付件后按本合同附件《工作说明书》规定的交付件的验收时间、标准及验收方式对交付件进行验收。

甲方和乙方在合同附件《工作说明书》中对交付件的验收做如下约定：

10. 交付件验收流程

10.1　交付件将由乙方以电子版方式提交给甲方，验收流程如下：

（1）所有正式由乙方负责的交付件由乙方以电子版方式提交给甲方。由甲方授权的项目经理代表甲方签署“交付件签收单”。

（2）交付件的验收标准为本工作说明书第［·］条约定的交付件内容。

（3）交付件将按照以下程序验收：

①由甲方组织评审专家对交付件进行评审，评审专家不限于项目组成员，

评审专家的数量及来源由甲方明确，评审专家的组织与安排由甲方负责。

②在项目计划中明确评审执行时间。

③乙方于评审开始前［·］个工作日向甲方提交待审交付件。

④甲方于收到乙方提交的交付件后［·］个工作日内组织评审专家审阅待审交付件，并汇总向乙方及甲方项目组成员反馈审阅意见。如果超过前述［·］个工作日乙方没有收到任何书面修改意见，或甲方已经实际使用交付件，则该项交付件被视为已被甲方接受和书面签收，即验收通过。

⑤必要时，由甲方组织评审前说明会，由乙方与甲方项目组成员向评审专家介绍待审交付件内容，并进行必要的澄清，帮助评审专家准确了解待审交付件。

⑥评审时，乙方与甲方项目组成员就反馈的审阅意见以及在评审过程中评审专家提出的问题进行答复。

⑦乙方交付件在实质上满足验收标准的即应当评审通过。通过评审后，由评审专家在评审会上共同签署评审通过意见，即“交付件合格单”。评审通过意见由甲方、乙方各执一份。

⑧如果评审专家在评审会上提出书面修改意见，乙方将根据评审专家提出的书面意见修改交付件，并再次提交甲方。至此，乙方对此交付件的交付义务全部完成。无论评审是否通过，均形成评审记录，记载评审过程中提出的问题、答复及评审专家和项目参与人员发表的与交付件相关的其他意见，评审记录应经评审专家及项目组参与人员签署确认。

【分析】在这份咨询服务中，乙方向甲方提供咨询服务，并以提供的咨询报告为工作成果。虽然咨询报告是有形的，但是作为合同标的的服务却是无形的，而对服务合格与否的判别标准具有较强的主观性。为此，双方在合同及附件中通过流程管理、过程可视化等方式加以约定。

13 价格条款和支付条款

价格条款[①]和支付条款，虽然不是每一份合同的必备条款，但是对于大多数合同来说都有，是付款方履行义务、收款方行使权利的依据，因此是合同的重要条款。

价格条款和支付条款应当明确合同价款金额或者计算标准、计算方式，以及结算或者支付的时间及方式。有的合同在价格条款和支付条款中还约定发票事项、税务事项。

虽然价格条款和支付条款是商务和财务人员更应当关注的事项，但从法律工作的周密性和准确性看，有以下注意事项。

13.1 约定价格条款的注意事项

13.1.1 应当明确合同价款（单价或总价）针对哪些事项

合同中如果仅说明价款，有时可能还不够清晰；如果能够列明合同价款对应或者包含的合同事项，则会使约定更加明晰。

示 例

一份广告设计制作发布合同的价格条款。

① 根据合同标的的不同，除了价格条款，还可能为报酬条款或者费用条款。

第6条　费用

6.1　本合同费用总额（含税价）人民币（大写）[·]元整（¥[·]），其中价款为（大写）[·]元整（¥[·]），增值税款为（大写）[·]元整（¥[·]）。包括：

（1）发布费用：（大写）[·]元整（¥[·]）。

（2）设计费用：（大写）[·]元整（¥[·]）。

（3）制作、安装费用：（大写）[·]元整（¥[·]）。

（4）甲方就乙方履行本合同所应支付的其他全部费用（包括但不限于广告设施维护、拆除等费用）及税费（包括但不限于营业税、增值税）。

除另有约定外，甲方无须就本合同向乙方支付上述费用之外的其他费用及税费。

【分析】对于合同价款，可以采用上例中的"兜底"约定，即明确价款涵盖合同约定的全部事项。

13.1.2　价格条款中不仅要有金额，还应当明确货币单位

这个问题貌似非常简单，但出现低级错误的情形也并不鲜见。例如，某招标文件载明"单位：人民币元"，但投标人在填写报价文件时，想当然地将"元"按照"万元"处理。

13.1.3　约定价格应当考虑税赋由谁承担

虽然有关税收管理的法律法规对不同税种下的纳税义务人有明确规定，但是对于实际由合同哪一方负担税款没有强制性或禁止性规定。[①] 因此，税的实际承担是可以作为商务事项在合同中作出安排的。无论是约定单价还是总价均应当注意明确是否为含税价，特别是明确增值税这样的价外税由合同哪一方承担。

① 参见最高人民法院民事判决书，（2007）民一终字第62号。

示例1

某法律服务协议关于服务费的约定。

甲、乙双方协商，乙方提供本协议第［·］条法律服务，甲方按照［·］费率向乙方支付法律服务费。本协议约定的费率和各笔法律服务费均不含增值税（此为价外税），甲方付款时应当按照国家规定的税率另行向乙方支付相应的增值税。

示例2

某买卖合同关于价、税的约定。

4.1 卖方根据本合同向买方提供的货物的总价格（合同总价）（含税价）：人民币（大写）［·］元整（¥［·］），其中价款为（大写）［·］元整（¥［·］），增值税款为（大写）［·］元整（¥［·］）。

13.2 约定支付条款的注意事项

13.2.1 应当清晰地约定支付方式，付款的时点、条件或结算周期

对于一次性支付，明确约定结算时间、条件；对于分期支付，明确约定每期价款的结算时间或结算周期、条件。

示 例

某设备买卖及软件许可与服务合同的支付条款。

第4条 支付条款

4.1 合同总价的所有支付由买方以［·］方式付至卖方。买卖双方银行账户信息和纳税人信息如下：［·］

4.2 买方应当按照以下条款向卖方支付合同总价：

4.2.1 交货付款

本合同生效且卖方按照本合同约定全部交付合同设备，买方在收到卖方提供的如下单据或凭证后［·］日内，向卖方支付合同总价的［·］%的交

货付款，即人民币大写［·］元（小写：［·］）。

（1）相应金额的、符合国家规定的增值税专用发票。

（2）卖方发出的付款通知书，原件一份。

（3）本合同第［·］条规定的到货证明，原件一份。

（4）卖方和买方共同签署的开箱验货证明，原件一份。

（5）由生产厂商或卖方签发的详细装箱单，原件一份。

（6）由生产厂商签发的质量证明书，原件一份。

（7）软件许可使用权证书或其他软件许可使用文件，原件一份。

4.2.2 初验付款

在合同设备初验通过且收到卖方提供的如下单据或凭证后［·］日内，买方向卖方支付合同总价的［·］%的初验付款，即人民币大写［·］元（小写：［·］）。

（1）相应金额的、符合国家规定的增值税专用发票；

（2）卖方发出的付款通知书，原件一份；

（3）初验证书，原件一份。

4.2.3 终验付款

在合同设备终验通过且收到卖方提供的如下单据或凭证后［·］日内，买方向卖方支付合同总价的［·］%的终验付款，即人民币大写［·］元（小写：［·］）。

（1）相应金额的、符合国家规定的增值税专用发票；

（2）卖方发出的付款通知书，原件一份；

（3）终验证书，原件一份；

（4）由买方认可的卖方银行出具的、作为卖方保修期保证金的不可撤销保函，一份原件，一份复印件。该保函以买方为受益人，金额为合同总价的［·］%。

4.3 若根据本合同约定，卖方应当支付违约金和/或承担赔偿责任，则买方有权从上述任何一笔付款中直接扣除相应金额。

【分析】上例中的支付条款，清晰地约定了每一笔付款的节点，以及支付条件和所需的凭证。其中设置的“交货”“初验”“终验”等环节，也是将支付条款与合同履行风险控制相结合的体现。

13.2.2 考虑将支付条款与合同履行风险控制结合

采取一次性付款还是分批次付款，何时付款，以及在满足什么条件下付款，这些支付条件、结算周期或者结算时点的设置，不仅取决于当事人的经济实力、支付意愿，更与交易地位有关，还可以作为经营风险控制的手段。

例如，建设工程施工合同，合同价款按照工程施工进度分期支付，阶段工程的完工和验收作为每一阶段工程款的付款条件，将每一次付款作为风险控制的节点。

14 先决条件条款

先决条件，顾名思义，是指一定的前提条件。下面将基于对先决条件的分类，说明约定先决条件条款的注意事项。

14.1 先决条件的分类

根据先决条件内容的不同，可以将其分为合同生效的先决条件，以及履行合同义务的先决条件。两者存在时间上的先后顺序。

14.1.1 合同生效的先决条件

合同生效的先决条件的设置，只有当特定条件成就时（当条件不止一个时，指满足所有条件），合同才生效。如果条件不满足，合同即使签署了、成立了，也没有生效，只是进入“待生效状态”。[①] 简而言之，合同生效的先决条件就是合同的生效条件。

示 例

某信托公司在股权转让协议中约定的生效条件。

18.1 协议生效

本协议自各方盖章及其授权代表签字之日起成立，并在生效的先决条件

① 当然，这种状态下的合同虽未生效，但也具有一定的拘束力。例如，当事人不得擅自撤销或者解除，不得阻止相关先决条件的成就。

满足后生效。

本协议生效的先决条件是本次增资的股东资格获得监管部门的批准。

14.1.2 履行合同义务的先决条件

履行合同义务的先决条件的设置，使得只有在特定条件成就时合同当事人才需要履行特定的行为（如交割、付款）。这些先决条件是当事人履行一定合同义务的前提条件，但不会从根本上影响或否定合同的效力。

示 例

某股份认购协议中关于投资者交割的先决条件条款。

6.1 投资者在交割时履行其义务的先决条件

投资者在交割时认购发行股份的义务取决于下列先决条件（任何该等条件可以由投资者以书面方式全部或部分放弃）在交割时或之前得以满足：

（1）陈述和保证［·］。

（2）为交易文件项下的拟议交易，目标公司应当已取得其根据适用法律在交割前须获得的任何及所有的同意、批准、允许及豁免。每一该等同意、批准、允许或备案应保持完全的效力，并且任何该等同意、批准、允许或备案均不得与任何交易文件的任何条款有重大抵触，或者对任何交易文件的任何条款作出重大修改或使其无效，或者对银行或投资者的权利施加重大限制。

（3）目标公司应当已向投资者交付按照与本协议附件［·］所列实质相同的格式及内容作出的、由目标公司董事会秘书于交割日签署且加盖目标公司公章的证明，证实事项如下：①目标公司的董事会和股东大会作出的批准交易文件项下的交易及与其相关事项的决议；②章程；③本协议第［·］条规定的先决条件已得到满足；④就目标公司所知，自本协议签署日以来未发生重大不利影响。

（4）目标公司应当已签署并向投资者递交各交易文件。

（5）投资者应当已收到目标公司的法律顾问按照与本协议附件［·］所列实质相同的格式及内容，在交割日向投资者出具的法律意见书。

14.2　约定先决条件条款的注意事项

14.2.1　设置先决条件需要考虑的因素

设置先决条件，应当首先结合条件的重要性确定将哪些条件设定为先决条件。进而根据对先决条件成就或者被放弃的后果的分析，以及对交易或者合同后果的影响，考虑将其中哪些作为合同生效的先决条件，哪些作为合同履行的先决条件。

其中，合同生效的先决条件事关合同的效力。因此，设定的条件应当是影响交易的重大事项。例如，并购交易中，交易是否必须履行一定的法定审批（或核准）程序、有无权利和/或许可证、核心业务或资产/权利上是否有重大法律瑕疵等事项。这些条件如果不能满足，交易将不具有商业上的必要性或者法律上的可行性。因此，可以结合交易情况将这些条件设为合同生效的先决条件。

与合同生效的先决条件不同的是，履行合同义务的先决条件未能全部满足或被放弃的，当事人无须履行相应的合同义务，或者合同另一方有单方面解除协议的权利而不视为其违约。

示 例

某收购交易设定履行合同义务先决条件的考虑。

在这项交易中，受让方拟从转让方收购 Wi－Fi 业务和对应的资产。转让方的现金流主要来自业务收入，受让方看重的是转让方的用户关系。受让方在法律尽职调查中发现，转让方与为数不少的用户存在未签订书面 Wi－Fi 服务协议或者协议到期后继续提供和接受服务，但未办理续约手续的情况。受让方律师注意到上述瑕疵后分析认为，这些瑕疵可以以一定方式弥补。为此，约定将“转让方与用户补签规范的服务协议，并将该等服务协议交受让方审核确认”作为履行合同义务的先决条件（交割条件）之一，而不是作为合同生效的先决条件。

设置先决条件还需要结合合同当事人的风险承受能力和风险偏好，以及先决条件的可实现性、可操作性及其对交易成本的影响等因素。

对于具有较高风险承受能力的当事人，交易先决条件的设定可以相对较为简单，涵盖相对较为重要的事项即可。同时，还要考虑条件的可操作性。对于那些实现可能性、可操作性较低，或将产生巨大的交易成本的事项，不宜作为交易先决条件。否则，将会导致交易无法进行，影响甚至阻碍交易目的的实现。

14.2.2 先决条件条款中应当对条件的成就作出约定

先决条件一般不会自动成就，需要合同一方或各方当事人实施某种行为。为此，在约定先决条件时还需要考虑以下事项：一是明确对先决条件成就负有主要义务的一方；二是约定条件成就的标准和时间，作为一方承担义务和另一方行使权利的依据。①

示 例

甲公司向L公司增资的协议中关于L公司缴纳增资款义务的先决条件的约定。

在L公司按照本协议第［·］条规定完成本次增资的公司变更登记且以下条件均得以满足（或被甲公司以书面形式予以豁免）后［·］个工作日内，甲公司应当一次性向L公司指定的账户缴纳本协议第［·］条规定的增资款：（略）

如果某项条件在合同签订前即可成就，例如，在增资事项中，如果各方协商一致由原股东将此前对公司的认缴出资改为实缴出资，则最好在签约前促成，而不要在合同中将其列为先决条件。

① 参见《合同编通则司法解释》第12条。

15 陈述与保证条款

陈述与保证，是合同当事人对在签署合同时已经存在的基本事实的陈述和保证性说明，目的在于减少或控制交易当事人之间因信息不对称带来的交易风险。例如，股权转让交易，对于受让人通常无从查实目标公司是否存在未披露的债务，或者目标公司在股权交割前是否会再发生其他变故等情况，可以作为陈述与保证事项，在股权转让合同中约定。陈述与保证条款是不少交易合同的关键条款之一。①

陈述与保证条款应当包括以下内容。

15.1 陈述与保证的事项

15.1.1 就与交易有关的事实作出陈述与保证

陈述与保证可以是对在合同订立时事实的真实性的陈述，也可以是对在特定期间内持续处于陈述状态的保证。例如，"各方在本合同签订时拥有并且在本合同有效期内持续满足本合同第［·］条约定的全部资格"。根据交易的不同，陈述与保证的事项也不同。

① 由于陈述与保证条款是对交易各方赖以订立合同的基础性事实的描述，因此，除了要求真实和准确外，交易各方往往将各方完全遵守陈述与保证条款、不存在任何重大的错误表述或不实表述作为合同重要的先决条件之一。例如，上文"14　先决条件条款"关于某股份认购协议的示例中，将满足"陈述和保证"列为投资者交割的先决条件。

示例

在某公司入股某房地产项目公司的“投资合同”中原股东和目标公司针对原股东、目标公司以及目标房地产项目所作的陈述与保证事项（见表1）。

表1　某“投资合同”中的陈述与保证事项

原股东的陈述与保证事项	目标公司的陈述与保证事项	关于目标项目的陈述与保证事项
（1）主体资格 （2）出资情况 （3）股权的权属 （4）股权权属负担 （5）股权转让	（1）主体资格 （2）注册资本 （3）对外投资 （4）财务状况 （5）重大资产 （6）担保 （7）债务 （8）税务 （9）合法经营 （10）争议 （11）重大合同 （12）员工及劳动争议 （13）保险	（1）政府批准文件 （2）项目地块 （3）征收拆迁补偿安置工作 （4）地表现状 （5）规划 （6）边界 （7）建设工程

15.1.2　不同交易主体的陈述与保证事项

作出陈述与保证的主体，既可以是合同一方，也可以是合同双方（各方）。

其中，由合同各方作出的一般性的陈述与保证，针对的事项通常主要有：一是该方为合法成立并存续的机构；二是该方获得了签署和履行合同所需的所有内部的授权、批准，外部的所有必要的同意，以及政府的审批、批准和许可；三是该方签署并履行该合同并不会导致其违反任何相关适用法律及其为一方的任何合同；四是该方确认合同一旦生效，即对其有法律拘束力。

由合同某一方作出的陈述与保证的具体内容，则根据交易事项有所侧重。例如，股权转让合同的受让方往往要求转让方对拟出售的股权以及对目标公司状况作出陈述与保证。

前者常涵盖以下四个方面：一是股权转让方为目标股权的权利人；二是股权转让方已经对目标股权全部实际出资；三是目标股权上不存在质押和任何其他权利负担；四是股权出让方未与任何第三方签署任何有关在目标股权上设立质押和任何其他权利负担的协议，或任何其他限制或影响本协议项下交易实现的协议等。

后者则可能会涉及目标公司设立、管理、运营、重大合同、财务、劳动、税务、保险、环保等方面。

示 例

通过列表方式归纳和展示一份增资协议书的原股东、公司、投资方作出的陈述与保证，以直观地说明其中哪些事项是各方作出的一般性的陈述与保证，哪些事项是由某一方根据交易事项作出的有所侧重的陈述与保证（见表2）。

表2　一份增资协议的陈述与保证

公司原股东陈述与保证	投资方分别陈述与保证	公司陈述与保证
(1) 其是按照中国法律注册并合法有效存续的企业	(1) 其是按照中国法律注册并合法存续的企业	(1) 公司是按中国法律注册、合法存续并经营的有限责任公司
(2) 其签署并履行本协议：①在其公司的权力和营业范围之中；②已采取其章程等内部议事规则规定的必要及适当的批准；③不违反对其有约束力或有影响的法律或合同的限制	(2) 其签署并履行本协议：①在其公司权力和营业范围之中；②已采取必要的企业行为（包括但不限于为履行本协议项下的出资义务筹集足额的认购价款）并取得适当的批准，认购款项来源合法；③不违反对其有约束力或有影响的法律或合同的规定或限制	(2) 公司在其所拥有的任何财产上除向投资方书面告知外未设置任何担保权益（包括但不限于任何抵押权、质押权、留置权以及其他担保权等）或第三者权益。告知文件截止日后到本协议成立前所发生的任何担保权益或第三方权益，公司仍有义务书面告知投资方

续表

公司原股东陈述与保证	投资方分别陈述与保证	公司陈述与保证
(3) 公司在其所拥有的任何财产上除向投资方书面告知（详见附件：《审计报告》）外未设置任何担保权益（包括但不限于任何抵押权、质押权、留置权以及其他担保权等）或第三者权益	(3) 投资方在其所拥有的任何财产上除向公司书面告知（附件：《审计报告》）外未设置任何担保权益（包括但不限于任何抵押权、质押权、留置权以及其他担保权等）或第三者权益	(3) 公司对用于公司业务经营的资产与资源，均通过合法协议和其他合法行为取得，真实、有效、完整，不存在任何未向投资方书面告知的重大法律障碍或法律瑕疵。告知文件截止日后到本协议成立前所发生的任何重大法律障碍或法律瑕疵，公司仍有义务书面告知投资方
(4) 公司向投资方提交了截至［·］年［·］月［·］日经审计的财务报表及所有必要的文件和资料（以下简称财务报表）（详见附件），原股东在此确认该财务报表正确反映了公司至上述财务报表截止日的财务状况和其他状况	(4) 投资方向公司提交了截至［·］年［·］月［·］日经审计的财务报表及所有必要的文件和资料（以下简称投资方财务报表）（详见附件），投资方在此确认该投资方财务报表正确反映了投资方至［·］年［·］月［·］日的财务状况和其他状况	(4) 公司向投资方提交了截至［·］年［·］月［·］日经审计的财务报表及所有必要的文件和资料（简称“财务报表”）（详见附件），公司及其股东兹在此确认该财务报表正确反映了公司至上述财务报表截止日的财务状况和其他状况
(5) 财务报表已全部列明公司至上述财务报表截止日的所有债务、欠款和欠税，除此之外公司自注册成立以来至财务报表截止日，除正常经营外，没有产生其他任何债务、欠款和欠税	(5) 投资方财务报表已全部列明投资方至［·］年［·］月［·］日的所有债务、欠款和欠税，除此之外投资方自注册成立以来，除正常经营外，没有产生其他任何债务、欠款和欠税	(5) 财务报表已全部列明公司至上述财务报表截止日的所有债务、欠款和欠税，且公司自注册成立以来，除正常经营外，没有产生任何未向投资方新股东各方书面告知的额外的债务、欠款和欠税

公司原股东陈述与保证	投资方分别陈述与保证	公司陈述与保证
(6) 公司没有从事或参与有可能导致公司现在和将来遭受吊销营业执照、罚款或其他严重影响经营的行政处罚或法律制裁的任何违反中国法律、法规的行为，已向投资方披露的除外	(6) 投资方没有从事或参与有可能导致其现在和将来遭受吊销营业执照、罚款或其他严重影响其经营的行政处罚或法律制裁的任何违反中国法律、法规的行为	(6) 公司没有从事或参与使公司现在和将来有可能遭受吊销营业执照、罚款或其他严重影响公司经营的重大行政处罚或法律制裁的任何违反中国法律、法规的行为，已向投资方披露的除外
(7) 公司未就任何与其有关的、已结束的、尚未结束的或可能将要开始的任何诉讼、仲裁、调查及行政程序对投资方进行隐瞒或进行虚假/错误陈述	(7) 投资方未就任何与其有关的、已结束的、尚未结束的或可能将要开始的任何诉讼、仲裁、调查及行政程序对公司进行隐瞒或进行虚假/错误陈述	(7) 公司未就任何与公司有关的、已结束的、尚未结束的或将要开始的任何诉讼、仲裁、调查及行政程序对投资方进行隐瞒或进行虚假/错误陈述
(8) 公司在经营过程中与相关单位的租赁、协作等事项的法律关系不受本次增资的影响	(8) 投资方符合参与本次增资并担任公司股东的资格条件	-
(9) 本协议经原股东签署后即构成对原股东合法、有效和有约束力的义务	-	-

合同各方作出的一般性的陈述与保证条款往往是“双边”的，并且涉及的是签约和履约资格等基本问题，因此，合同各方比较容易达成一致。而需要某一方就特定事项作出的陈述与保证，涉及合同的实质性利益，往往是合同起草和谈判的重点之一。

15.2　违反陈述与保证的后果

仅在合同中设置陈述与保证条款并不够，还需要对作出违反陈述与保证行为应当承担的后果作出约定。尽管对于当事人故意隐瞒与订立合同有关的重要事实、提供虚假情况等情形的处理有法律可以适用，[①] 但是还是需要针对违反陈述与保证的后果作出明确或者有针对性的约定，且往往与违约责任关联。

示 例

上例增资协议书中，针对公司违反其所作的陈述与保证条款而约定的违约责任。

第5条　目标公司对投资方的陈述与保证

5.1　目标公司的陈述与保证如下：（略）

5.2　目标公司将承担因违反第5.1条的陈述和保证而产生的一切经济责任和法律责任，并赔偿因违反该项陈述和保证而给新增股东造成的任何直接损失。

……

第14条　违约责任

14.1　任何签约方违反本协议的任何约定，包括协议各方违反其于本协议第3条~第5条所作的陈述与保证，均构成违约，应承担违约责任。如果不止一方违约，则由各违约方分别承担各自违约所引起的责任。违约赔偿责任的范围限定在法律允许的、相当于因违约而给其他方造成的全部实际损失。

14.2　尽管有以上约定，任何一方均不因本协议而就任何间接损失或损害对其他方承担赔偿责任。

【分析】 在这个示例中，对于目标公司违反其在第5.1条中所作的陈述与保证，在第5.2条中约定了赔偿责任，并且在违约责任条款中作出了呼应。

① 参见《民法典》第500条。

16 保密条款/保密函

保密条款是合同的常见条款。对于当事人在订立、履行合同以及合同终止后应当承担的保密义务法律有规定，[①] 但这些规定比较原则，有时需要根据交易特点在合同中作出有针对性的约定。

视交易情况，保密义务可能针对合同一方，例如合同一方是保密信息提供方，另一方是保密信息接收方；也可能针对合同各方，例如合同各方既是保密信息的提供方，也是保密信息的接受方。

有关保密的安排可能以在合同中约定保密条款，或者签署专门的保密协议，或者由一方向他方出具保密承诺函等形式呈现。无论是哪种形式，涵盖的事项基本相同。

16.1 保密信息的定义和需要保密的范围

约定保密信息的定义和需要保密的范围，以界定哪些信息需要保密。

示例 1

在一份设立合资公司的股东协议中的保密条款。

第 17 条　保密

17.1　在本协议生效之前或本协议期限内，每一方或其关联公司曾经或

① 参见《民法典》第 501 条、第 509 条、第 558 条。

可能通过向其他任何一方或其关联公司披露有关各自业务、财务状况、专有技术、研究开发及其他保密事项的保密与专有信息、资料及其他商业秘密。此外，在公司经营期限内，各方或其关联公司在公司的经营中可能会获得有关公司的保密与专有资料，而公司可能会获得各方或其关联公司的保密与专有资料。除非各方另行协商，接受上述所有商业秘密的每一方或其关联公司在收到任何商业秘密后，在本协议期限内或按照本协议或其他相关协议及适用法律关于专有资料的相关规定所可能延长的期限内应该促使公司：

（1）对该等商业秘密予以保密。

（2）除对履行其工作职责而需要知道该等商业秘密的董事、监事、高级管理人员及其他雇员、法律顾问、财务顾问或审计师外，不向任何人或实体披露。

17.2　每方应将第17.1条所述义务的存在以及遵守这些义务的重要性告知接受该等商业秘密的董事、监事、高级管理人员及其他雇员、法律顾问、财务顾问或审计师。

17.3　如经任何一方要求，各方应促使公司就其从该方或其关联公司获得的商业秘密另签一份保密协议，其中的条款应与以上就公司从该方或其关联公司获得的商业秘密所规定的条款类似。

17.4　每一方应促使公司制定规章制度，以便其董事、监事、高级管理人员、其他雇员以及其关联公司的该等人员，以及法律顾问、财务顾问或审计师同样遵守第17条所述的保密义务。

17.5　各方应促使公司所有董事、监事、高级管理人员及其他雇员以及法律顾问、财务顾问或审计师需以各方都能认可的形式签署保密承诺书。

17.6　如任何一方或其关联公司违反第17条的规定，则应对其他方或公司因该等违约行为而造成的损害负有赔偿责任，损害赔偿按照适用法律的相关规定确定。支付损害赔偿金不影响于该违约日期所累积的其他权利或补救措施。

17.7　保密义务的例外

本协议项下的保密义务在以下情况时不适用：

（1）本协议项下的任何商业秘密并非因接受一方违反本协议项下义务而成为公开可获得的信息。

（2）一方以不违反保密义务的方式从第三方已经取得的信息。

（3）一方独立开发的信息。

（4）按照适用法律或者有权政府部门、有管辖权的法院或被认可的证券交易所要求或者为审计或财务报表中的披露目的而披露的信息（但进行该等披露之前应书面通知本协议其他方）。

（5）本协议明确允许的披露。

17.8　即使公司解散、清算、本协议期满或提前终止，第17条的义务和权益不受影响。

【分析】上例在界定哪些信息是保密信息以及保密人员的范围同时，再以排除法说明不属于保密范畴的情形。

在有的交易中，出于各种考虑，需要保密的不仅是合同各方提供的信息，还有这项交易或者签署的合同本身。

示例2

某合作协议的“宣传条款”中涉及保密事项的安排。

G公司和C公司将会通过协商决定新闻发布、发布博客以及分析简报的方案（如果适用）。每一方在制定与本协议相关的书面营销传播材料或公关文件前必须得到另一方的提前书面同意。所有与本协议相关的新闻稿和公开声明，以及发布的日期将由双方于该等发布或声明前共同批准决定。

【分析】在这个示例中，由于交易对于双方来说比较重要，也为了避免其中某一方炒作，交易方就如何对外披露（宣传）作出约定。

16.2　保密义务的具体内容

保密信息接收方的保密义务，固然可以一言以蔽之为“接收方为披露方的保密信息保守秘密”，如果能够结合交易情况约定或者列举保密义务的具体内容，则更有针对性。

示 例

第 12 条　保密义务

12.1　信息接收方将以与对待本公司同等重要的保密信息相同的谨慎态度对待信息披露方提供的保密信息，除获得信息披露方事先书面同意，信息接收方不会向任何其他个人、机构或本公司不参与本项目的股东、董事、管理人员、员工披露保密信息的任何内容。信息接收方在向为项目聘请的顾问的代表披露保密信息时，将促使该代表签署书面协议，同意接受与本保密协议相同条款和条件的约束。

12.2　信息接收方仅为项目工作之需要而查阅和使用保密信息。未得到信息披露方的事先书面许可，信息接收方不会以任何方式为其他目的使用任何保密信息。信息接收方保证，本公司所收到的保密信息在内部会得到谨慎的使用，相关人员在知晓保密信息前已充分了解本函的内容。如该等人员离职，信息接收方将促使离职人员签署书面协议，同意接受与本保密协议相同条款和条件的约束。信息接收方承诺为接收保密信息的员工和代表违反保密义务的行为承担连带责任。

12.3　未经信息披露方事先书面同意，信息接收方不会使用知晓的信息披露方、信息披露方的客户及下属控股和参股子公司或交易相关方取得的经验、材料及其所有的信息，作为案例、模型或其他形式的材料，在任何场合宣讲和推广。未经信息披露方事先书面同意，信息接收方不会向第三方披露有关项目的任何会谈、会议、协商或工作的内容。

12.4　如果当法律规定或任何有关监管机构要求信息接收方必须对保密信息作出披露时，信息接收方将立即书面通知信息披露方该等要求以及拟披露的内容，以使信息接收方能够采取保护措施。信息接收方承诺，按照本条款约定披露的相关保密信息仅限于法律规定或有关监管机构要求披露的最低范围。在披露上述保密信息时，信息接收方将尽力确保有关部门对被披露的保密信息予以保密。

【分析】这个示例主要从保密信息的提供与接收、可以接触保密信息或资料的人员范围、保密制度及措施、保密资料的管理与处理等方面，细化了保密义务的具体内容和操作流程。特别是针对项目的特点，作出不得将信息“作为案例、模型或其他形式的材料，在任何场合宣讲和推广”这样的约定。

16.3 保密义务的期限

一般来说，保密义务的期限应当至少覆盖合同期限或交易期限，并考虑是否在届满后的一段时间内仍然有效。例如，“本保密条款自保密资料提供或披露之日起至本合同终止或解除后的［·］年持续有效”。

如果在签署合同前就提供或者披露了保密信息，而当时没有签署保密协议或者保密承诺，则后续合同关于保密期限的约定应当追溯至保密信息提供或披露时起算。

示 例

本协议自双方于［·］年［·］月［·］日签字盖章之日起生效。有效期［·］年。在本协议签署前，披露方已经向接收方提供或披露的本协议范围内的保密信息也受本协议约束，此时本协议于该等保密信息提供或披露时发生效力。

【分析】这个示例关于保密期限的约定，包括保密协议的生效期、有效期以及溯及既往的约定。

16.4 对保密信息的处理

对于保密期限届满后如何处理保密信息，也需要作出约定。

示 例

3. 保密信息处理

无论因何种原因停止项目工作，或项目最终未能完成，信息接收方都将立即停止使用保密信息，也不会向任何人和公司披露保密信息。在信息披露方发出书面要求后的［·］日内，信息接收方将配合信息披露方的要求，销毁或返还信息披露方提供的属于任何保密信息的资料及其他构成保密信息的文件和资料，并不保留复印件、扫描件或电子文档。

在销毁或返还保密信息后，信息接收方将以书面形式向信息披露方确认对属于保密信息的文件和资料的销毁或返还情况，并提供一份销毁或返还的文件及资料清单。

16.5 违反保密义务的责任[①]

违反保密义务的责任，主要集中在损失与赔偿以及如何采取补救措施两方面。在表述上，有的合同将违反保密义务的责任放在保密条款中，有的合同则将其与违反合同其他义务的违约责任一起放在违约责任条款中。

下面是违反保密义务常见的几种责任承担方式的约定。

示例 1

某保密协议的违约责任条款。

第 7 条　违约补救

信息接收方同意在下列情况下对披露方作出补偿并保证披露方免受由此造成的损害、损失、费用（包括律师费用及执行该补偿的费用）或责任：①信息接收方未经许可而使用保密信息；②信息接收方未经许可而披露保密信息；③信息接收方违反本保密协议的其他规定。

① 有观点认为，在保密条款中无须约定违约责任条款，或者即使约定，也不宜以违约金的方式进行，以避免给保密信息定价。

此外，如资金补偿不足以补救由于违反本保密协议规定给信息披露方造成的损害，信息披露方将有权采取法律所允许的其他补救措施。

示例2

某合同违约责任条款中关于违反保密义务的约定。

第9条　违约责任

9.1　任何一方未履行或未完全履行本协议项下的条款均构成违约。违约方应赔偿因此给守约方造成的所有损失，包括但不限于守约方因调查违约行为而支付的合理费用。

9.2　披露方在履行本协议的任何条款时如有放松、放弃或迟延，均不构成对披露方在本协议下任何权利的不利影响或限制。如果披露方对某一违约行为免予追究，并不构成放弃追究随后或持续违约行为的权利。

17 知识产权条款

知识产权条款是技术合同[①]等合同中的重要条款。随着科技进步和社会发展，以及知识产权意识的普及，知识产权在交易中高频出现，知识产权条款也成为合同的常见条款。

面对一份交易，首先要考虑是否涉及知识产权事项。例如，设备买卖合同主要是关于设备（货物）的买卖，但是，如果除了设备硬件、安装材料和备件，卖方还向买方提供与合同设备相关的软件和技术服务，则需要考虑知识产权（例如软件许可使用、服务所形成的新技术成果的知识产权归属）事项的安排。

知识产权条款需要对以下四个方面作出约定：一是权利来源，二是知识产权的用途和如何提供，三是权利归属，四是不侵权承诺与侵权处理。下面介绍其中的主要内容以及注意事项。

17.1 权利及来源

对于交易中的知识产权，首先要考虑涉及哪些权利以及权利的来源。

17.1.1 交易涉及哪些知识产权

知识产权是权利人依法就作品、发明、实用新型、外观设计、商标、商

① 指《民法典》合同编第20章的技术合同。

业秘密等享有的专有的权利。[1] 需要根据交易（业务）判断其中涉及哪些权利。

例如，在 OEM[2] 模式下，常见的问题有商标使用不规范，OEM 厂商不当使用委托方的技术信息（如产品设计图纸）、经营信息（如采购数量、产品价款）等，涉及的知识产权有商标权、专利权和商业秘密。又如，虚拟数字人[3]的法律问题，主要集中在人格权、知识产权保护、伦理问题，其中涉及的知识产权主要是著作权、商标权等。

17.1.2 权利来源

权利的来源大致可以分两个：一是从权利人处获得，二是从权利人以外的其他人处获得。权利的来源对于判断知识产权的合法性有重要作用。

对于从权利人（例如著作权人）处直接提供的知识产权，需要明确约定并核查权利人的权利证明或者原始创作证明。

对于从第三方（许可人）获得知识产权的授权，需要明确约定并核查权利证明、权利人至第三方（许可人）之间的每个环节的授权许可协议或者授权证明，以确定第三方（许可方）是否取得授权、取得的权利的种类是否在授权范围内以及授权链条是否完整。

示例 1

【背景】 许可方分别为著作权人和经销商的约定。

软件许可合同（许可方为软件著作权人）

1.1 乙方作为［·］软件（以下简称软件）的著作权人或合法许可使

① 参见《民法典》第 123 条第 2 款。

② OEM（Original Equipment Manufacturer）即原始设备制造商，又称“代工”。品牌方利用自己的品牌优势、技术优势和销售优势，将设计好的产品委托给具备生产能力的制造商按照品牌方的设计、标准加工生产再以品牌方的名义向市场销售。承接对产品进行加工的制造商为 OEM 厂商，其生产的产品是 OEM 产品。

③ 虚拟数字人，是指在元宇宙等虚拟世界中，运用数字技术（计算机图形学、图形渲染、动作捕捉、深度学习、语音合成等）创造出的、与人类形象接近的数字化人物形象，也称为虚拟形象、虚拟人、数字人等。其应用领域包括影视、传媒（如主播数字人）、游戏等。

用人，有权许可甲方或甲方指定的第三方使用软件并向甲方或甲方指定的第三方提供与软件相关的服务（以下简称服务）。软件及服务的具体内容见本合同附件［·］。

［·］软件许可合同（许可方为经销商）

1.1　乙方作为［·］软件（以下简称软件）的著作权人的合法经销商/代理商，经过软件著作权人的授权，有权许可甲方或甲方指定的第三方使用软件并向甲方或甲方指定的第三方提供与软件相关的服务（以下简称服务），著作权人向乙方颁发的经销证明或授权证明见附件［·］，且软件著作权人已与甲方或其指定的第三方签署软件许可合同/协议/条款（软件许可合同/协议/条款见附件［·］）。软件及服务的具体内容见本合同附件［·］。

软件著作权人为：［·］。

【分析】上述两份软件许可合同分别针对许可方为著作权人和经销商的情况作出约定，体现了不同权利来源下的要求。

了解权利的来源，既是判断合同一方是否有权提供，也是进行风险防控，避免侵权风险的有效途径。

17.2　权利提供的方式以及许可方式、授权范围和期限

涉及知识产权的交易，可能是权利转让（如商标权转让），也可能是权利许可（如专利实施许可合同、软件许可合同）。这里以权利许可为例，说明其中的注意事项。

17.2.1 权利许可类型

知识产权许可有普通许可、排他许可、独占许可。对此，在知识产权条款中需要明确约定。

示例1

第3条 专利许可的方式与范围

3.1 [·]专利的许可方式是[ ](独占实施许可/排他实施许可/普通实施许可)[①]。

3.2 该专利的许可范围是在[·]国家/地区[·](制造/使用/销售/许诺销售/进口)其专利的产品。未经许可人同意，被许可人不得进行分许可。

3.3 专利许可期为：[·]。

【分析】这份专利实施许可合同中列出的专利的许可方式，由合同当事人在签约时选择。

示例2

[·] 软件许可合同

第2条 授权和许可

2.1 许可方作为软件的著作权人或合法许可使用人，许可被许可方使用软件用于本项项目，并提供与软件相关的服务。软件及服务的具体内容见本合同附件[·]。

2.2 许可方向被许可方许可软件使用权的许可方式为以下第（2）种：

(1) 许可方将软件许可合同/条款随同软件介质及技术资料和文档一并包装并向被许可方和/或其指定的第三方提供，被许可方拆开包装即被视为同意该软件许可条款和条件（软件许可合同/条款见附件[·]），获得软件著

① 普通实施许可，指许可方许可被许可方在合同约定的期限、地区、技术领域内实施该专利技术的同时，许可方保留实施该专利技术的权利，并可以继续许可被许可方以外的任何单位或个人实施该专利技术。

排他实施许可，指许可方许可被许可方在合同约定的期限、地区、技术领域内实施该专利技术的同时，许可方保留实施该专利技术的权利，但不得再许可被许可方以外的任何单位或个人实施该专利技术。

独占实施许可，指许可方许可被许可方在合同约定的期限、地区、技术领域内实施该专利技术，许可方和任何被许可方以外的单位或个人都不得实施该专利技术。

作权人的授权。(拆封许可方式)

(2) 被许可方自许可方处获得软件产品的许可证号及密码并按照提示自行访问相应网址（网址见附件［·］）下载软件，下载软件并在线签署软件许可合同/条款即被视为同意该软件许可条款和条件，获得软件著作权人的授权。(提供许可证号方式)

2.3　被许可方根据本合同获得的权利为非专有权利，本合同未明确许可的权利，被许可方不得行使。

2.4　未经许可方书面同意，被许可方不得将软件转让或转许可、分许可予任何第三方使用。

【分析】 在这份软件许可合同中，许可方向被许可方许可软件使用权的许可方式作出了约定。

17.2.2　授权范围和期限

授权的范围和期限也是知识产权授权的重要事项，应当在合同中予以明确约定，避免争议。

示 例

［·］作品许可使用合同

第 1 条　作品的许可使用

……

1.2　作品许可使用用途及范围。甲方（著作权人）许可乙方使用作品，具体形式、范围包括但不限于以下 6 种：①［·］的设计、制作、发行；②在报纸、杂志等纸质媒体上使用；③出版发行音像制品；④在飞机、列车、楼宇等公共场所使用；⑤在广播、电视、互联网上使用；⑥广告宣传、教材使用等。本合同乙方同时包括乙方的关联公司。

1.3　授权类型：甲方许可乙方专有使用上述作品，除乙方外，包括甲方在内的任何人不得再自行或许可他人将作品用于与本合同相同或近似的用途。

如甲方并非作品著作权人或作品上同时存在其他权利人，则在甲方依据本合同第［·］条约定取得的作品著作权人或其他权利人的许可文件中，应当同时包括对前述专有使用事项的书面认可及承诺。

1.4 甲方许可乙方根据经营需要及业务要求适当修改、改编作品（包括但不限于对作品进行必要的筛选、重新编排、编辑、翻译或修改等方式），以及许可他人使用上述作品，以满足第1.2条的使用用途及范围。

1.5 甲方许可乙方使用其作品的地域范围为（根据下述序号选择一项填写）：

（1）中国（含中国大陆及港澳台地区）。

（2）中国大陆。

（3）其他国家或地区［·］。

（4）其他约定［·］。

1.6 甲方许可乙方使用作品的期限为［·］年［·］月［·］日至［·］年［·］月［·］日。上述许可期限届满后，甲方同意乙方继续按本合同约定的方式、用途、范围使用作品［·］个月以处理遗留问题。

授权类型、范围、期限是知识产权授予中的重要事项，如果约定不明，易出现侵权，产生纠纷。除了在知识产权条款中作出约定，还需要持续关注权利种类、授权范围等关键信息的变化情况，并结合变化情况补充、完善合作协议条款。

17.3 权利归属

合作、服务、咨询事项中，可能会产生新的成果，例如技术服务合同在履行合同义务之外会派生完成的或者后续发展的技术成果，这些新的技术成果的形成，不仅需要服务提供方的技术技能、智慧智力、劳动等，也包含服务接收方提供的数据、资料、背景材料、支付的费用，可以说双方（各方）当事人都有贡献。如果对于新的成果没有约定或者约定不明，就会产生纠纷，即便是按照共有处理，也会因为对于权利行使的具体情形、技术成果使用收益的分配没有约定或者约定不明产生纷争。

17.3.1 视情况确定是否明确约定权利归属

如上所述，对于新的成果的归属，需要明确约定。但是，也需要根据合同类型和当事人的角色区别处理。

例如，对于是否在委托开发合同中约定成果的知识产权归属问题。由于委托开发的知识产权成果归属遵循创作者优先的原则，对于委托开发成果的知识产权（包括申请专利的权利、登记计算机软件著作权的权利），如合同未做约定或约定不清楚的，归属于受托方。由此，对于受托方来说，是否在合同中约定知识产权归属，可能不那么重要和必要。但对于委托方来说，则非常重要和必要。

示例1

某技术开发（委托开发）合同（委托方版本）

第15条　项目研究开发成果的权利归属

15.1　双方确定，乙方所完成的研究开发成果的所有权利，包括但不限于知识产权、专利申请权和所有权，归甲方所有。

15.2　乙方不得将研究开发成果内容对外提供或披露，亦不得自行使用研究开发成果或以任何方式将其提供给第三方或用于本合同约定事项之外的用途。

15.3　乙方应当积极配合甲方开展的基于本合同委托开发项目成果的应用软件著作权登记工作，提供著作权登记所需资料。

【分析】这是一份由委托人（合同甲方）起草的合同。基于委托人的情况，对于项目研究开发成果的权利归属作出明确约定。

示例2

某合作合同的知识产权约定。

第 14 条　权利保护

14.1　乙方自行开发或与第三方合作开发、委托他人开发的软件技术，其知识产权归乙方或其他权利人所有。未经乙方或其他权利人同意或授权，甲方不得使用该等软件技术，不得对该等软件技术实施反向工程、更新或提供给其他方等行为。

14.2　乙方为开展合作业务提供的宣传音视频、图画、说明书、操作手册、文件、数据和应用软件（合称乙方成果）中所涉及的版权、专利权和其他知识产权仍归乙方所有，经乙方事先书面同意后，甲方可为本协议项下合作之目的使用上述权利。乙方的上述提供行为不视为乙方许可甲方可在本协议项下合作目的之外使用或转移上述权利。

14.3　甲方在乙方成果的基础上形成的智力成果的所有权利，包括但不限于知识产权、专利申请权和所有权，归乙方所有。经乙方事先书面同意后，甲方可为本协议项下合作之目的使用上述权利。甲方不得将该等成果对外提供、披露或以任何方式提供给第三方，也不得用于本协议约定事项之外的用途。甲方应当积极配合乙方开展的基于本协议项下合作所形成的成果的知识产权登记和专利申请工作，提供登记或专利申请所需资料。甲方在开展合作业务中独立完成的且非基于乙方成果而形成的智力成果，归甲方所有。

【分析】与示例 1 的委托关系不同，在这份合作事项下，甲方、乙方对于新的技术成果的权属都提出主张。在协商过程中，甲方也提出共有的设想，但是对于共有下的责任权利安排，甲方希望以“后续由双方另行协商”简化处理。基于双方的合作关系以及本交易的情况，乙方法律人员判断，这种搁置的简化实际上为日后埋下了不确定性或者争议的伏笔。为此，结合本项目中甲方、乙方技术的投入、各自对产生的新的成果的贡献以及甲方的心态(为了双方对等)，双方作出了有针对性的约定，回应了双方的诉求。

对于权利归属，法律人员需要结合客户各自的角色和立场进行处理，避免没有约定或者约定不明，以免为后续履行埋下隐患。

17.3.2 权利共有安排

对于新的技术成果的归属，在不能确定归属合同某一方时约定共有，也是一种常见的处理。

如确需约定共有，应当对共有的必要性、可行性、风险因素等进行综合分析研判，并在合同中明确共有安排下的责任权利等各项事项。主要有以下事项：一是知识产权的申请、登记和维护主体；二是权利行使，如共有人对外许可的方式（普通许可、排他许可、独占许可）、对象、时间和地域范围、内容（制造、使用、销售、许诺销售、进口）；三是转让的方式；四是研发成果的使用等；五是收益分配；六是成本的负担等事项。

同时，视情况在合同中明确，合同各方应当自行解决各自所属研发人员的署名、奖金和报酬等事项。

17.4 不侵权承诺与侵权处理

尽管有上述约定，作为补救措施，对于出现侵犯第三方权利所采取的补充措施，可以作出预先安排。

示例1

甲方保证开展合作业务涉及著作权、商标权、专利权及肖像权、名誉权等权利的，均符合国家相关法律的规定。甲方应当按法律、法规和规章规定与权利人及/或其代理人签订必要的授权/许可协议或授权文件，并保证甲方开展的合作业务不会侵犯权利人的合法权益。如果有人提出法律或行政程序（合称侵权指控），声称甲方违反了国家相关法律、法规和规章规定或侵犯了其知识产权、其他人身及财产权利，甲方应当负责解决，并赔偿乙方就此承担的一切损失和费用，包括但不限于上述侵权指控产生的诉讼费用、合理的律师费用、调查费用、罚金、和解金额或生效法律文书中规定的赔偿金额。

示例2

某技术开发（委托开发）合同

第14条　侵权处理

14.1　乙方应当保证，其依本合同在研究开发过程中及/或其交付给甲方的研究开发成果不侵犯任何第三方的合法权益。如果有人提出法律或行政程序（合称侵权指控），声称甲方侵犯了其知识产权等合法权益，乙方应当负责解决，并赔偿甲方就此承担的一切损失和费用，包括但不限于上述侵权指控中产生的诉讼费用、合理的律师费用、调查费用、和解金额或生效法律文书中规定的赔偿金额。

14.2　如果在侵权指控的审理过程中有关机关禁止甲方继续使用研究开发成果的部分或全部，乙方应当采取以下措施之一：

（1）使甲方重新免费获得使用上述研究开发成果的权利。

（2）免费更换或改造上述研究开发成果，使甲方不受上述禁令限制继续使用研究开发成果。

（3）其他使甲方对研究开发成果拥有合法使用权，或其他弥补甲方受损利益、实现合同目的的合理方式。

乙方采取上述措施不能免除乙方就甲方因此遭受的损失进行赔偿的义务。

当然，不侵权承诺和侵权处理不能从根本上排除侵权风险，也不能当然免除侵权责任，我们在合同履行中应尽到审慎审查义务，以最大限度降低侵权赔偿责任。

18 数据（含个人信息）处理条款

随着数字经济的快速发展，数据作为关键生产要素在商业交易中的地位凸显，除了数据资产、数据产品[①]交易、数据使用[②]等以数据作为交易标的的合同外，在诸如服务等类型的合同中，也会涉及个人信息[③]等数据[④]的处理。交易各方需要对各自在个人信息等数据处理方面的权利、义务作出约定。有关数据（含个人信息）处理条款在实务中运用得越来越多。

数据处理活动包括数据的收集、存储、使用、加工、传输、提供、公开、删除等。[⑤] 数据处理者有权自主决定数据处理目的、处理方式。[⑥] 因此，面对个人信息等数据处理条款，首先要确定谁是数据处理者，识别数据处理发生的场景，才能有针对性地对合同各方的权利、义务作出约定。

18.1 确定数据处理者

对数据处理者的判断主要从以下两方面进行：一是数据处理活动中会收

① 有关数据资产、数据产品的定义参见2024年10月21日《关于向社会公开征求〈数据领域名词解释〉意见的公告》之附件：数据领域名词解释。其中，数据资产，是指特定主体合法拥有或者控制的，能进行货币计量的，且能带来直接或者间接经济利益的数据资源。数据产品，是指基于数据加工形成的，可满足特定需求的数据加工品和数据服务。

② 例如，数据提供方向数据使用方提供数据访问入口或接口，允许使用方获得及访问数据。

③ 参见《个人信息保护法》第4条。

④ 参见《数据安全法》第3条。

⑤ 参见《数据安全法》第3条，《个人信息保护法》第4条。

⑥ 参见《个人信息保护法》第73条。

集和产生哪些数据，二是谁能自主决定该等数据的处理目的和处理方式。

下面以提供生成式人工智能服务的 A 公司为例，说明如何判断谁是数据处理者。

示 例

A 公司提供生成式人工智能服务。客户使用 A 公司提供的生成式人工智能过程中，涉及大模型训练的原始数据、大模型平台账号数据、用户输入数据的处理。对于 A 公司是否是数据处理者可以分场景判断：

场景一，如果 A 公司用于训练大模型的原始数据源于 A 公司自身经营中合法收集、产生的数据，以及 A 公司从其他第三方获得的数据（例如采购的数据）。A 公司能自主决定该等数据的使用目的、方式，用作大模型产品训练，则 A 公司是该等大模型训练数据的数据处理者。

场景二，为使用大模型，用户会输入（“投喂”）相关数据，用于大模型生成相应的成果。用户自主决定该等数据的使用目的、方式，并自主决定是否向大模型提供相关数据、决定使用大模型进行数据生成的目的，同样是使用 A 公司的服务，但用户是其自身所输入数据的数据处理者。

只有确定了数据处理者，方能明确应当由谁、对哪些数据处理活动承担什么样的责任，这也是约定个人信息等数据处理条款的前提。

18.2 不同场景下的数据处理条款

在识别确定数据处理者后，还需要结合数据处理发生的场景，甄别不同合同主体在数据处理活动中的角色及相应的权利和责任。

数据处理的场景主要有：作为数据处理者处理数据、作为数据委托方处理数据、作为数据受托方处理数据、各方共同处理数据以及向合同对方提供数据等。[1]

① 参见《个人信息保护法》第 20 ~ 23 条。

下面介绍委托/受托处理、共同处理个人信息等数据条款的要点。

18.2.1 委托/受托处理

出于各种原因或考量企业会将个人信息等数据委托其他方处理。例如，金融机构将客户服务热线交由外包方提供，相应地，金融机构将客户相关个人信息处理委托给提供电话支持服务的外包方。

委托处理数据场景下，法律对委托人、受托人的数据合规义务有明确规定。① 其中，委托人是决定个人信息和数据的处理目的、处理方式的主体，应当依法承担数据处理者的责任。受托人按照委托人的指示处理数据，应当按照法律要求和合同约定，承担作为受托人的合规义务。

基于委托人、受托人不同的角色立场，法律人员起草/审查委托合同中的数据处理条款有所不同。

示例1（委托人立场）

【背景】甲公司为数据委托人，委托乙公司处理个人信息等数据。

第X条　个人信息保护和数据安全

X.1　为履行本合同，甲公司将委托乙公司处理相关数据和个人信息。个人信息种类包括：[·]。

X.2　乙公司处理个人信息的期限为：[·]；处理方式为：[·] 以及本合同约定的其他处理方式。

X.3　乙公司应当按照《中华人民共和国数据安全法》《中华人民共和国个人信息保护法》等法律法规、监管要求和合同约定处理个人信息和数据，不得超出约定的处理目的、处理方式等处理。乙公司应当采取措施确保个人信息和数据处理活动符合法律法规、监管要求和合同约定，防止未经授权的访问以及个人信息和数据的泄露、篡改、丢失。

X.4　如果合同不生效、无效、被撤销或者终止的，乙公司应当按照甲

① 参见《个人信息保护法》第21条。

公司的要求返还个人信息和数据或者予以删除（包括原件和备份），且不得以任何方式留存履行合同过程中所处理的任何个人信息和数据。

X.5　未经甲公司同意，乙公司不得转委托他人处理个人信息和数据。

X.6　乙公司受甲公司委托处理的个人信息和数据，应当在中华人民共和国境内存储，且不得向境外提供。

X.7　在发生或者可能发生个人信息泄露、毁损、丢失或其他数据安全事件的情况时，乙公司应当立即采取补救措施，并配合甲公司及相关部门进行调查处理。

X.8　甲公司有权对乙公司的个人信息保护和数据安全、个人信息和数据处理情况进行监督和检查。对于甲公司检查发现乙公司存在违反法律法规、监管要求的规定或者双方的约定处理个人信息和数据的，甲公司有权要求乙公司在一定期限内整改。如果乙公司未按照甲公司要求整改或整改未达到甲公司的相关要求，甲公司有权解除合同，且不承担赔偿责任；由此给甲公司造成损失的，乙公司应当全额赔偿。

X.9　乙公司违反本合同及其附件个人信息保护和数据安全相关条款和相关法律法规、监管要求的，乙公司应当承担一切民事、行政和刑事责任，如因此给个人信息主体、甲公司或其他人造成任何损失的，乙公司应当承担全部责任。

示例2（受托人立场）

【背景】B公司受托人A公司委托处理个人信息等数据。

第X条　个人信息保护和数据安全

X.1　为履行本合同，A公司将委托B公司处理相关数据和个人信息。个人信息种类：[・]。

X.2　B公司处理个人信息和数据的期限为：[・]；处理方式为：[・]以及本合同约定的其他处理方式。

X.3　A公司保证，其委托B公司处理个人信息已经向个人信息主体履行了法定告知义务，并取得了其同意。A公司保证，其委托B公司处理的个人信息和数据来源合法合规，不存在违反法律法规、监管要求的情况。

X.4 双方均应当严格按照相关法律法规的规定，采取措施确保个人信息处理活动符合法律、行政法规的规定，防止未经授权的访问以及个人信息和数据的泄露、篡改、丢失。

X.5 B公司有权对A公司提供的个人信息和数据来源合法合规性情况进行检查。对于B公司检查发现A公司个人信息和数据来源违反法律法规、监管要求，或者就其向B公司提供的个人信息未依法向个人履行法定告知义务、未取得个人同意，B公司有权要求A公司在一定期限内整改。如果A公司未按照B公司要求整改或整改未达到B公司的相关要求，B公司有权解除合同，且不承担赔偿责任；由此给B公司造成损失的，A公司应当全额赔偿。

18.2.2 共同处理

对于共同处理下各方的数据合规义务法律有明确规定。① 共同处理的数据为个人信息的，无论数据共同处理者之间如何约定，均不影响个人向其中任一个人信息处理者主张其个人信息的权利。共同处理个人信息侵害个人信息权益造成损害的，共同处理者应当依法承担连带责任。因此，数据共同处理者之间需要通过合同约定数据处理活动中各自的权利和义务并予以遵守。法律人员在审查、起草相关交易合同时，需要关注合同中共同处理者之间的权利、义务和责任界限的约定。

示例（甲公司起草）

第X条 个人信息保护和数据安全

X.1 为履行本合同，甲公司与乙公司将共同处理相关数据和个人信息。

X.2 对于合同履行过程中处理的个人信息和数据，各方应当按照《中华人民共和国数据安全法》《中华人民共和国个人信息保护法》等法律法规、

① 参见《个人信息保护法》第20条。

监管要求和合同约定处理，不得超出约定的处理目的、处理方式等处理个人信息和数据。各方应当采取措施确保个人信息和数据处理活动符合法律、行政法规的规定和合同约定，防止未经授权的访问以及个人信息和数据的泄露、篡改、丢失。

X.3　各方因履行本合同而处理的个人信息和数据，应当依法在中华人民共和国境内存储，非经对方同意和法律规定的程序，不得向境外提供。

X.4　任何一方发生或者可能发生个人信息泄露、毁损、丢失或其他数据安全事件的情况时，该方应当立即采取补救措施，并立即通知另一方，并配合相关部门进行调查处理。

X.5　乙公司违反本合同及其附件个人信息保护和数据安全相关条款和相关法律法规、监管要求的，乙公司应当承担一切民事、行政和刑事责任，如因此给个人信息主体、甲公司或其他人造成任何损失的，乙公司应当承担全部责任。如果有人提出法律或行政程序（合称侵权指控），声称乙公司侵犯其个人信息权益的，乙公司应当负责解决，并赔偿甲公司就此所承担的一切损失和费用，包括但不限于上述侵权指控所产生的诉讼费用、合理的律师费用、调查费用、和解金额或生效法律文书中规定的赔偿金额。

作为法律的新领域，对于有关数据处理的条款，更需要法律人员在正确理解交易意图和安排的基础上找到数据流、业务流（交易流）与法律规则之间的对应关系，确定交易各方在合同中的角色，结合对应的法律规则，在合同中予以体现。

19 违约责任条款

违约责任是当事人不履行合同义务或者履行合同义务不符合约定所应当承担的后果。设置违约责任，既是为了督促当事人履行合同义务、保证合同履行，也是为了在当事人出现违约的情况下，使合同其他方可以获得有效的救济。因此，违约责任条款是合同重要且常见的条款。

虽然法律有关于违约责任的规定，[①] 但这些规定既不可能针对不同类型的合同，也不可能细致到满足当事人特定化的需求。如果只是约定“任何一方违反本合同约定应当承担相应的违约责任”，也是远远不够的。应当结合交易目标、合同类型、当事人需求以及各方的权利义务，有针对性地约定违约责任。

违约责任条款至少应当包含“什么情况算违约”（承担违约责任的情形）以及“违约如何承担责任”（如何承担违约责任）这两方面。

19.1 约定承担违约责任的情形

按照违约行为的具体形态，可以将违约行为分为不履行合同义务以及履行合同义务不符合约定两类。前者包括履行不能（如某服务合同的服务方丧失了提供服务的能力）和拒绝履行合同（如拒绝回购股权、拒绝交货）；后

① 参见《民法典》第577~593条。

者包括一般的履行瑕疵（如逾期缴纳出资、逾期交货等迟延履行，提供的服务不符合约定、交付的货物短缺等履行不当）和加害履行（如上列违约行为还造成对方当事人其他财产、人身损害）。

违约情形多种多样，具体到一份合同中，则需要根据合同内容，特别是结合权利义务约定来判断。例如，在货物买卖合同中，卖方的违约责任主要围绕其交货义务设置，买方的违约责任则主要针对其付款义务来设置。又如，在房屋租赁合同中，出租人的主要义务是交付租赁物，因此，关于出租人的违约责任，着重关注延迟交付租赁物、交付的租赁物有瑕疵（包括权利瑕疵和质量瑕疵等方面）以及提前终止合同的情形；承租人的主要义务是支付租金，因此，主要考虑迟延支付这种违约情形。

示 例

某转售合同中针对乙方（转售方）的违约责任。

第 15 条　违约责任

15.1　乙方有下列情形之一的，构成违约，甲方有权要求其改正、承担违约责任，并赔偿甲方由此遭受的损失：

（1）乙方或其股东不具备本合同第［·］条项下的资格和条件。

（2）乙方在本合同项下作出的任何陈述被证明在作出时实质上不属实，或者乙方未能遵守其所作的相关承诺和/或保证。

（3）乙方超出本合同约定范围、方式经营转售业务。

（4）乙方未按照法律法规规定、本合同约定提供转售业务。

（5）乙方未按照本合同约定完成用户发展量承诺。

（6）乙方未按照本合同约定向甲方支付任何到期应付的结算款项。

（7）乙方未按照本合同约定向甲方支付或补足本合同项下的准备金。

（8）乙方违反保密义务。

（9）乙方违反本合同约定将转售业务再次转售给本合同以外的第三方经营，或者转让、转移其在本合同项下的权利和/或义务。

（10）乙方违反本合同约定的其他情形。

15.2　迟延付款的违约责任

如果乙方出现第15.1条第6项的违约情形，即未在本合同约定的期限内向甲方足额支付任何到期应付的结算款项，乙方应当按照［·］的标准向甲方支付迟延支付款项的违约金。如果乙方于到期日后［·］个工作日内仍未足额支付任何到期应付款项和违约金，甲方有权从乙方交纳的准备金中划扣相应的欠款金额，并就划扣不足部分继续追究乙方的违约责任。

【分析】示例中，对于哪些行为构成违约，没有采取“任何一方违反本合同的任何约定均构成违约，应当承担相应的违约责任”这样的写法，而是针对乙方在合同其他条款中的义务，如乙方承诺的发展用户量、向用户提供的服务以及向甲方提交准备金、支付结算款等的约定，逐一列举每项义务下对应的违约情形。为了避免遗漏，示例中还做了“乙方违反本合同约定的其他情形”这样的“兜底”约定。

违约责任是合同义务的转化和延伸，可以说，**在合同中设置的义务以及陈述与保证事项，都应当在违约责任条款中有对应的处理**。因为“违约责任是违反合同义务的结果”[①]，“债务是责任发生的前提，责任是债务不履行的结果；无债务不产生责任，但无责任的债务不是法律意义上的债务”[②]。

19.2　约定承担违约责任的方式

关于承担违约责任的方式，法律规定有继续履行、采取补救措施或者赔偿损失等。[③] 其中，继续履行，即实际履行，就是按照合同约定继续履行义务。例如，迟延交付货物的一方，应当继续按照合同约定交付货物。采取补救措施，指履行合同不符合约定，采取诸如修理、重作、退货、减少价款或者报酬等补救的措施。赔偿损失，是指违约方在违反合同约定给对方造成损

① 王利明：《合同法研究》（第2卷），中国人民大学出版社2003年版，第379页。
② 王利明：《合同法研究》（第2卷），中国人民大学出版社2003年版，第383页。
③ 参见《民法典》第577条。

失时，向受害方支付一定数额的金钱以弥补其损失。

19.2.1 根据合同类型、交易具体情况约定如何承担违约责任

首先面临的问题是法律规定的违约责任方式是否可以并用。例如，能否在合同中约定迟延履行违约赔偿的同时，约定违约方继续履行？是否可以既约定违约金，也约定违约损失赔偿金？

依据相关法律的规定，继续履行、采取补救措施或者赔偿损失这些承担违约责任的措施可以并用。[①] 例如，除非存在法律上或者事实上不能履行、债物的标的不适于强制履行或履行费用过高等法定情形，[②] 在合同中当事人可以约定要求继续履行的同时，对造成的损失如何赔偿作出约定。又如，承揽合同中，对于承揽人交付的工作成果不符合质量要求的，定作人可以合理选择请求承揽人承担修理、重作、减少报酬、赔偿相应损失等违约责任。[③]

示 例

某设备采购合同中，卖方的义务有提供设备并安装、调试，以及后续服务、保修等。针对卖方的这些义务，关于卖方违约责任的约定如下。

第 9 条　卖方的违约责任

9.1　工作进度迟延的违约责任。双方应当按照合同及附件 4 约定的期限履行合同。如果因卖方原因使交货、检验、初验（含再次初验）、试运行（含顺延和重新计算的试运行期）、终验（含再次终验）等任一阶段工作延误，卖方应就该等延误向买方承担违约责任。对于卖方在任一阶段工作的延误，买方有权要求卖方按照下列比例向买方支付违约金：①任一阶段工作迟延的，则迟延履行的第 1 周 ~ 第 2 周，卖方应每周按相当于合同总价 [·]% 的标准支付违约金；②迟延履行的第 3 周 ~ 第 6 周，卖方应每周按相当于合同总价 [·]% 的标准支付违约金；③迟延履行 7 周以上，卖方应每

① 参见《民法典》第 179 条第 3 款、第 583 条、第 585 条第 3 款。
② 参见《民法典》第 580 条第 1 款。
③ 参见《民法典》第 582 条、第 781 条。

周按相当于合同总价［·］%的标准支付违约金。迟延履行不足1周时按1周计算。

因任一阶段工作迟延使买方额外增加的各项费用（包括但不限于运输及保险费用、测试费用）由卖方承担。卖方任一阶段工作迟延使买方遭受损失的，卖方应赔偿买方由此造成的损失。并且，如卖方任一阶段工作迟延，迟延违约金金额累计达到合同总价的［·］%，买方有权视情况解除本合同。该解除并不免除卖方根据买方要求应当承担的上述违约责任。

9.2　迟延提供服务违约金：保修期内，如卖方未能按合同约定提供服务，除合同约定的不可抗力原因外，每迟延一次，卖方应当支付合同总价的［·］%的违约金。

9.3　对于卖方依据合同约定应当承担的各项违约金及损失赔偿，买方均有权依据合同第［·］条从应当支付卖方的款项中扣除。如卖方对前述扣款事项有异议，应在接到买方通知后的［·］日内提出。

9.4　除非买方解除合同，否则卖方承担违约责任并不免除其继续履行合同的责任。

9.5　如买方依据本合同约定解除合同，则卖方除应当依据合同约定承担违约责任和赔偿责任（包括支付违约金、赔偿买方由此遭受的损失等）外，还应退还买方已支付的全部款项及自付款之日至返还之日的中国人民银行同期贷款利息，相关的合同设备由卖方自费拆装回收。如卖方未在买方发出通知后的［·］日内回收，则买方可自行处理该合同设备，包括但不限于自行拆装、另地存放，卖方应承担拆卸费用、租金以及买方因此产生的所有费用。

【分析】在示例中，买方相对具有商业优势地位，谈判能力和话语权也较强大。买方围绕卖方的交货义务，对于迟延交付、迟延提供服务等场景下的违约责任，有针对性地在违约责任的承担形式上作出约定，同时采取法律规定的继续履行（9.4）、采取补救措施（9.5）或者赔偿损失（9.1）等措施。

具体到一份合同中，选择哪一种或者哪几种方式，应当根据合同类型、交易情况等因素确定。

19.2.2 如何约定赔偿损失

赔偿损失是一种运用较为广泛的责任形式。违约的赔偿损失包括法定的损失赔偿和约定的损失赔偿。

“当事人一方不履行合同义务或者履行合同义务不符合约定，造成对方损失的，损失赔偿额应当相当于因违约所造成的损失，包括合同履行后可以获得的利益；但是，不得超过违约一方订立合同时预见到或者应当预见到的因违约可能造成的损失。”[①] 这是关于法定的损失赔偿的规定。从中可以看出赔偿损失的范围（哪些损失可以要求主张）以及赔偿数额的计算与限制等事项。这些事项也是约定损失赔偿时要考虑的。

在约定赔偿损失时，注意以下几点。

一是赔偿损失的范围。赔偿损失指因违约造成的损失，在法律没有特别规定和当事人没有另行约定的情况下，应当按照完全赔偿原则，即因违约方的违约受害方遭受的全部损失都应当由违约方承担。这种完全赔偿意味着在因违约造成受害人损失的情况下，应当以受害人的损失作为确定赔偿范围的标准，但赔偿不能超过受害人的损失。[②]

因此，赔偿损失的范围（因违约所造成的损失）包括实际损失和合同履行后可以获得的利益。

二是违约金金额或损失额标准。违约金金额或损失额标准，可以参考法定基准。[③] 简而言之，违约损失赔偿的计算公式可以进一步扩充为：违约赔偿额 = 可得利益 + 其他实际损失 − 违约方不可预见的损失 − 守约方扩大的损失 − 守约方自身过错造成的损失 − 守约方因违约获得的利益或减少的必要

① 参见《民法典》第584条。

② 参见黄薇主编：《中华人民共和国民法典合同编解读》，中国法制出版社2020年版，第431页。

③ 参见《民法典》第584条，《合同编通则司法解释》第60条、第63条。

支出。[①]

当事人根据其商务判断或经验，就对方发生的违约行为可能使其遭受损害的范围及金额进行预估，并在此基础上略做增加。

从实务看，除了法定不得免责的事项[②]外，对于如何确定赔偿事项或范围、赔偿额是否可以设置一定的责任限制或限额，应当根据交易具体情况或者当事人的交易地位来确定。需要注意的是，当事人主张约定的违约金过分高于违约造成的损失的，应当事人的请求，法院或仲裁机构有权酌增或酌减。[③]

三是合同关于赔偿损失写法。对于赔偿损失，可以约定为一定数额的违约金，如“卖方迟延交付的，应当向买方支付［·］违约金”，也可以约定损失赔偿额的计算方法，如“卖方迟延交付的，按照相当于合同总价［·］%的标准支付违约金”。[④] 在用词上，可以是“违约金”“赔偿金”，但不应当写作“罚款”“罚金”。

19.2.3 如何约定定金

定金，是指当事人约定的为保证债权的实现，由一方在履行前预先向对方给付的一定数量的货币或者其他替代物。[⑤] 定金的罚则是，债务人履行债务的，定金应当抵作价款或者收回。给付定金的一方不履行债务或者履行债务不符合约定，致使不能实现合同目的的，无权请求返还定金；收受定金的一方不履行债务或者履行债务不符合约定，致使不能实现合同目的的，应当双倍返还定金。[⑥] 定金可以分为订约定金、解约定金和违约定金等。[⑦]

约定违约定金条款时，有以下注意事项：

---

① 参见《合同编通则司法解释：违约损失赔偿如何计算》，载日照经济技术开发区人民法院网 2024 年 5 月 3 日，http：//www. sdcourt. gov. cn/rzkfqfy/401884/401846/22126636/index. html。

② 参见《民法典》第 506 条。

③ 参见《民法典》第 585 条第 2 款，《合同编通则司法解释》第 65 条。

④ 参见《民法典》第 585 条第 1 款。

⑤ 参见黄薇主编：《中华人民共和国民法典释义》，法律出版社 2020 年版，第 294 页。

⑥ 参见《民法典》第 587 条。

⑦ 参见《合同编通则司法解释》第 67 条第 1 款、第 4 款。

一是关于定金与违约金的关系。针对同一违约行为，违约金和定金不能并用。[①] 如果合同中既约定违约金，又约定定金，一方违约时，对方可以选择适用违约金或者定金条款。[②]

二是定金与法定赔偿损失之间的适用关系。定金的数额虽然由当事人约定，但是不得超过主合同标的额的20%，超过部分不产生定金的效力。[③] 定金不足以弥补一方违约造成的损失的，对方可以请求赔偿超过定金数额的损失。[④]

三是写准确定金的性质。[⑤] 实践中，与定金相近的概念有订金、押金、预付款等。定金与之区别的重点在于其性质为定金罚则。

另外，在对于不同类型的定金约定不明时，一方主张为违约定金，是被法院支持的。

① 如果违约金和定金针对不同的违约行为，在这些违约行为都存在的前提下，仍然存在并用的可能性，但无论如何不应超过违约行为造成的损失总额。参见黄薇主编：《中华人民共和国民法典合同编解读》，中国法制出版社2020年版，第454页。

② 参见《民法典》第588条第1款。

③ 参见《民法典》第586条第2款。

④ 参见《民法典》第588条第2款。

⑤ 参见《合同编通则司法解释》第67条。

20 不可抗力条款和免责条款

不可抗力条款、免责条款可以是合同的两个不同条款。[①] 之所以放在一起讨论，是因为两者都是由当事人在订立合同时预先约定，在适用时都会发生合同责任被免除的后果。

虽然法律有关于不可抗力的规定，[②] 但是在遇到具体或特定情形时，对于某具体事项是否属于不可抗力事件，是否可以免责，在理解和认定上会出现争议。此外，对于有些不属于法定不可抗力的事件，当事人也是可以约定为免责事项的。因此，视情况，合同中有时还是会约定不可抗力和免责这样的条款。

实践中，有的将其合并在一个合同条款中，如“不可抗力及免责条款”，也有将其约定为两个条款处理的。无论是合二为一，还是作为两个独立的条款，约定都至少要涵盖两个事项，即哪些事项属于免责的事项及其后果。

20.1 约定不可抗力或免责的事项或范围

20.1.1 以不同方式约定哪些事项属于不可抗力及免责事项

对于不可抗力及免责事项的约定，可以采取概括式、列举式以及“概

① 不可抗力也是一种免责条件。《民法典》第 180 条第 1 款规定，因不可抗力不能履行民事义务的，不承担民事责任。法律另有规定的，依照其规定。《民法典》第 590 条第 1 款规定，在发生不可抗力情况下可以免除责任。这里说的免责条款，是指不可抗力条款以外的免责约定。

② 参见《民法典》第 180 条第 2 款。

括 + 列举式”。

示例 1

（概括式）

本合同所称的不可抗力，是指在本合同有效期内发生的，任何一方不能预见、不能避免并不能克服的客观情况。

示例 2

（列举式）

本合同所称的不可抗力，是指地震、水灾、火灾、暴风雪等自然灾害和法律法规调整。

示例 3

（概括 + 列举式）

本合同所称的不可抗力，是指地震、台风、水灾、火灾、战争以及其他本合同各方不能预见，并且对其发生和后果不能防止或不能避免且不可克服的客观情况。

三种方式相比较，概括式过于原则，因没有具体情形容易出现理解上的争议，且很多概括式的约定就是照搬法律规定，难以起到通过约定补充法律规定不足的作用；列举式又可能挂一漏万。因此，可以考虑“概括 + 列举式”。

在列举时，可以结合实际需要，将难以界定为法定不可抗力，或者对于是否属于法定不可抗力存疑但又可能给履行合同带来重要影响的事实，约定为免责事项，以免今后产生争议。

示例 4

某云主机服务合同的不可抗力及免责条款。

第 12 条　不可抗力及免责

12.1　甲方（客户）了解乙方（云服务提供方）按照“现状”和“可

得到”的状态向甲方提供服务，并且乙方对服务不作任何明示或暗示的保证，包括但不限于服务的适用性、没有错误或疏漏、持续性、准确性、可靠性、适用于某一特定用途。同时，乙方不对服务涉及的技术及信息的有效性、准确性、正确性、可靠性、质量、稳定、完整和及时性作出任何承诺和保证。但乙方应当尽职尽责、诚实信用完成服务。

12.2 鉴于计算机、互联网的特殊性，下述情况不属于乙方违约：

（1）乙方在进行服务器配置、维护时，需要短时间中断服务。

（2）互联网通路阻塞或第三方原因造成甲方网站访问速度下降。

12.3 如由于战争、骚乱、恐怖主义、自然灾害、国家法律法规或规章变动、网络安全、网络无法覆盖、停电、通信线路被人为破坏、黑客攻击、计算机病毒侵入或发作等，甲乙双方或一方不能履行或不能完全履行本合同项下有关义务时，受影响方不承担违约责任，但应当尽快书面通知对方。在影响消除后的合理时间内，一方或双方应当继续履行合同。如因此合同不能或者没有必要继续履行，本合同可以由一方解除。

20.1.2 约定不可抗力及免责事项或范围时的注意事项

在约定不可抗力及免责事项或范围时还需要注意两点。

一是对于法律规定免责无效的事项，不得在合同中作出免责约定。例如，类似“对乙方非故意造成甲方人身伤害的不承担责任”的约定，因违反法律强制性规定无效。[①] 二是对于格式条款合同下的免责约定，特别注意应当符合相关法律要求。[②]

20.2 约定发生不可抗力及免责事项出现的后果

对于不可抗力及免责事项出现时后果的约定，通常包括相关事由出现后

---

① 参见《民法典》第506条。

② 参见《民法典》第496条第2款、第497条，《消费者权益保护法》第26条第2款、第3款。

的通知义务、减损义务以及如何处理。

示例1

如由于不可抗力事件影响本合同履行，遇有不可抗力的一方应当立即：①用电子邮件或其他电子形式通知另一方，并在［·］个工作日内提出不可抗力的书面证明；②采取一切合理且可能的措施以消除或减轻不可抗力事件的影响，并在不可抗力事件的影响消除或减轻后恢复履行相关义务。

示例2

根据不可抗力事件对本合同履行的影响程度，双方另行协商决定是否解除本合同，或是否部分免除本合同履行责任，或是否延迟履行本合同。

21 转让条款

这里说的转让条款，是关于合同权利转让（债权转让）约定。对于合同权利转让的规则，法律有明确规定。[①] 简而言之，债权人转让权利，需要通知债务人。[②]

合同权利转让会使交易关系更加复杂，并且转让事关履行合同义务主体的变化。因此，根据交易需要，有时还是需要作出有预见性的安排。这些有预见性的安排通常需要考虑以下几个方面。

21.1 根据交易情况考虑对合同转让作出限制或预留安排

先看这样两个约定：

一个是“未经对方事先书面同意，任何一方不得部分或全部转让合同”。另一个是“未经对方事先书面同意，任何一方不得出让、转让、使承担或设法处理本协议下自身的任何权利或义务。如乙方转让其业务的全部或任一部分，则乙方可以在无须征求甲方同意的情况下，将自身权利和义务转让给一方或多方，乙方应当以书面形式通知甲方受让方的身份。乙方亦可将其在本

① 参见《民法典》第545～550条。

② 因法律、法规对债权转让通知的具体方式没有规定，因此对于以登报等公告方式的通知是否适用的问题，有不同的理解。参见最高人民法院民事审判第二庭、研究室编著：《最高人民法院民法典合同编通则司法解释理解与适用》，人民法院出版社2023年版，第532页。

协议下的收款权利转让给他人而无须征求甲方同意。”

前一种约定，实际上是对合同转让加以限制。而后一种约定，对于乙方可能的转让行为留有余地，甚至网开一面，一旦乙方进行业务剥离等操作，将会有较大的自由度和便利。

实务中，应当根据交易的具体情况考虑对合同转让是作出限制，还是预留安排。

21.2 根据交易情况设置转让要求或条件

如果拟对合同转让作出限制或者预留安排，还需要结合交易的具体情况考虑转让的要求和条件。

示例1

某买卖合同的转让约定。

【背景】卖方（收款方）出于资金回收方面的考虑，对其在买卖合同项下的权利、义务的转让、转移作出如下预先安排：

“卖方不得以任何形式将本合同项下的收款权利转让第三方（中国工商银行、中国农业银行、中国银行和中国建设银行除外，以下简称四大国有银行），包括但不限于转让、质押等。转让给四大国有银行的，应当书面通知买方。”

类似约定还有，“未经另一方事先书面同意，任何一方不得转让本合同的全部或部分。但本合同乙方发起的乙方收款权利以及涵盖的产品或服务的公司的部分业务销售不受此限制”。

示例2

某服务协议关于合同转让的约定。

第7条　事先未征得对方书面同意，任何一方不得转让本协议的全部或任一部分，但甲方、乙方均不会不合理地拒绝。在下列情况下，对协议全部或部分的转让无须得到另一方的同意：

（1）在任何一方所属的企业内部。

（2）转让给因企业的合并或收购而成为任何一方的继承人。

（3）乙方可将其在本协议下的收款权利转让给他人而无须征求甲方同意。如乙方对其经营的业务的一部分进行剥离将对其所有的客户产生类似的影响，则该业务剥离不被认为是协议的转让。

【分析】这份协议的起草方是协议乙方（服务提供方）。从中可以明显地看出，作为服务提供方，乙方基于经营战略布局和安排等的考虑，在协议中对于己方可能的转让预留了空间。

总之，约定合同转让条款，不是照搬转让权利通知债务人，转移义务事先取得债权人同意的法律规定，[①] 应当结合具体的交易情况，既要考虑是否要对合同转让加以限制，也要考虑是否要对转让转移的条件作出安排，还要考虑转让前后在交易和法律上的协调。

21.3 债务人对债权的知晓不能替代债权转让的通知

通知是债权转让对债务人生效的要件，[②] 如果债务人明知债权转让事实，是否无须通知债务人？

该问题事关债权转让在何种情形下对债务人发生效力。从目前的司法实践看，债务人对债权的知晓，不能替代债权转让的通知。[③] 也就是说，债务人明知债权转让事实，并不等同于债权转让通知。因此，对于债权转让，也要关注合同中的通知安排。[④]

---

① 参见《民法典》第546条第1款、第551条第1款。

② 参见《合同编通则司法解释》第48条。

③ 参见最高人民法院民事审判第二庭、研究室编著：《最高人民法院民法典合同编通则司法解释理解与适用》，人民法院出版社2023年版，第532页。

④ 可以结合本章之“25 通知条款”阅读。

22 解除条款

合同解除，是指在合同履行过程中，基于特定情形的出现，法律规定或者各方当事人约定可以终结该合同的权利义务。

合同解除的，该合同的权利义务关系终止。[①] 合同解除后，尚未履行的，终止履行；已经履行的，根据履行情况和合同性质，当事人可以请求恢复原状或者采取其他补救措施，并有权请求赔偿损失。[②] 实践中，合同解除是合同履行中的高频问题。法院在认定合同是否应当解除时，“要根据当事人有无解除权、是约定解除还是法定解除等不同情形，分别予以处理”[③]。当事人一方以通知方式解除合同，并以对方未在约定的异议期限或者其他合理期限内提出异议为由主张合同已经解除的，人民法院应当对其是否享有法律规定或者合同约定的解除权进行审查。[④] 因此，尽管不是合同的必备条款，但解除条款在合同中有重要的作用。

22.1 不同类型的合同解除

根据解除条件以及发生原因的不同，可以将合同解除分为三类：法定解

① 参见《民法典》第557条第2款。
② 参见《民法典》第566条第1款。
③ 参见《九民纪要》“三、关于合同纠纷案件的审理”之“（二）关于合同的履行与救济”。
④ 参见《合同编通则司法解释》第53条。

除、协议解除以及约定解除。

其中，法定解除，是指当事人基于法律的规定，行使合同解除权使合同发生解除的效果。对于法定解除的情形，法律有明确的规定，[①] 符合法定情形的，当事人可以行使解除权解除合同。

协议解除，是合同履行中当事人经过协商一致决定终结合同的效力。[②] 协议解除是合同订立后，合同各方达成了一个新的合意，可以通过签订补充协议、终止协议等方式解除原合同。

约定解除，是指当事人在合同中约定合同的解除条件或者事由，当约定的情况出现时，具有解除权的一方或者双方可以行使解除权，[③] 使合同发生解除的效果。也就是这里说的解除条款。

22.2 解除条款应当涵盖的主要内容

约定解除，既不像法定解除那样有法律规定可以套用，也不像协议解除那样由合同各方事后再协商，因此，对于什么情况下可以解除（解除的事由）、谁享有解除权（合同一方还是各方）、行使解除权的条件和程序等事项，需要在订立合同时预先考虑、安排。解除条款至少要涵盖如下内容。

22.2.1 明确合同解除的事由或者情形、条件

出现哪些情形或者满足哪些条件时，哪一方当事人享有解除权。这些情形或条件应当尽可能清晰、明确、可操作，否则，当合同一方出现解除情形，例如认为对方违约而行使解除权的，对方对于是否符合解除条件可能会有异议或者争议。条件设置是否合法、是否合理、如何成就等，往往有待于双方协商或司法裁决。

类似“一方违约，本合同自动终止”这样的约定，在合同履行中很容易产生理解分歧。从约定本身看，合同终止的条件是“一方违约”，但是，对

① 参见《民法典》第563条。
② 参见《民法典》第562条第1款。
③ 参见《民法典》第562条第2款。

于是否违约、是哪一方造成的违约、违约的严重程度等，可能未必清晰，至少合同各方站在自己的立场下，是不会轻易认可其他方的观点的。[①] 因此，对终止条件或者终止情形要做有针对性的约定。

示 例

某投资协议约定的终止情形。

6.1 本协议可以以如下方式在交割前的任何时间终止：

（1）投资者和标的公司达成书面协议终止本协议。

（2）如果交割在本协议签署之日后［·］日内未发生（除非由投资者和标的公司以书面协议延长该期限），且终止一方未对其在本协议项下的义务构成重大违约，则投资者或标的公司可书面通知对方终止本协议且不对该等终止承担责任。

（3）如果一方通过书面形式明确向另一方表示不会履行其在本协议项下的主要义务，或迟延履行其在本协议项下的主要义务，且经催告后在合理期限内仍未履行，或迟延履行义务或者有其他违约行为致使交易文件项下拟议的交易无法实现，本协议另一方可向违约方发出终止本协议的书面通知，并要求违约方承担相应责任，终止方不对该等终止承担责任。

（4）如果任何有效的法律禁止交割的完成，或者交割的完成将违反任何有管辖权法院或政府机构作出的任何命令、裁定或判决（以下简称命令），投资者或标的公司可以终止本协议。但是，因其以任何方式未能完全履行本协议项下的义务而对该等命令发生负有直接责任的任何一方将无权根据本条款终止本协议。

在约定解除或终止条款时，应当本着减少歧义并有利于合同履行的原则，而不宜约定“合同自动终止”。

---

① 参见《九民纪要》“三、关于合同纠纷案件的审理”之“（二）关于合同履行与救济”之“47.约定解除条件”。

22.2.2 约定解除权行使的期限、程序和操作步骤

即使对于在哪些情形或者满足哪些条件下解除合同有约定，这种解除权也不是无期限的，解除也不是悄无声息地自然发生。当事人的解除权有一定期限，期限届满不行使的，解除权消灭。而行使解除权的期限，除了基于法律规定，[①] 是可以由当事人约定的，因此，应当注意在合同中约定行使解除权的期限。

示 例

一份设立合资公司的股东协议中关于解除的约定。

13.1 协议的终止及解除

如发生下列情况之一，本协议终止或解除：

（1）各方协商一致终止/解除本协议。

（2）任一方在第2条所作声明被证明在作出之时，在实质方面不属实。

（3）一方出现违约行为，经另一方催告纠正违约行为后超过三十（30）日仍未予以纠正的。

（4）一方严重违约，导致协议目的无法实现、协议无法继续履行或继续履行会给守约方造成重大损失的。

（5）因不可抗力导致本协议无法继续履行或协议目的已无法实现。

（6）出现本协议第13.3条项下任一公司解散事由。

（7）法律法规规定的及本协议约定终止或解除的其他事项。

13.2 终止通知

在发生第13.1条所述任一情形后，一方（存在违约的一方除外）有权向其他方发出终止本协议的通知（以下简称终止通知）。其他方收到终止通知后，各方应当协商处理与本协议终止及公司解散有关的事宜。

享有解除权的当事人应当在一定期限内，按照法律规定通知对方。在对

① 参见《民法典》第564条。

方没有异议的情况下，合同在通知到达对方时解除。[①]

为强化可操作性，可在解除条款中约定合同终止的程序和操作步骤。例如，“甲方可提前三十日书面通知乙方终止本协议项下的服务，本合同在通知到达乙方时即可解除”。

22.2.3 对合同解除后的事项作出安排

合同解除后，尚未履行的，终止履行；已经履行的，根据履行情况和合同性质，当事人可以请求恢复原状或者采取其他补救措施，并有权请求赔偿损失。[②] 合同的权利义务终止，不影响合同中结算和清理条款的效力。[③] 但是，对于合同解除后的事项，如结算、交付物的处置等事项，视交易情况和当事人需要，需要作出有针对性的安排。同时，还要结合合同终止（解除）对其他条款的影响作出统筹考虑和安排。

示 例

某投资协议关于合同终止（解除）对其他条款影响的约定。

6.2 终止的效力

在本协议由投资者或标的公司根据本协议第6.1条的规定终止后，本协议将不再有效，但本协议第6.2条、第［·］条（保密）、第［·］条（费用）、第［·］条（语言）、第［·］条（通知）、第［·］条（管辖法律）及第［·］条（争议解决）中规定的本协议各方的义务将继续有效。除非各方另行书面同意，本协议的终止不应损害上述终止前各方已经产生的权利和义务。

22.2.4 合同的解除对关联合同的影响

当一个交易存在多份关联合同时，在约定解除其中一份合同时，需要考

① 参见《民法典》第565条第1款，《合同编通则司法解释》第53条。

② 参见《民法典》第566条第1款。

③ 参见《民法典》第567条。

虑对关联合同的影响。

示例

两份关联合同关于终止（解除）的约定。

【背景】一项交易由A公司总部与B公司总部订立《业务合作协议》，再由两总部的下属子公司、下属机构订立《业务实施协议》。A公司在拟订合同时，就要考虑合同解除权是由A公司总部还是由下属公司行使，还应当考虑《业务合作协议》解除，《业务实施协议》是否当然随之解除。以下是《业务合作协议》中的相关约定：

第7条　终止

7.1　如B公司及其下属机构严重违反本协议或《业务实施协议》的约定，A公司有权提前解除本协议并通知B公司。

7.2　A公司依据本协议第7.1条的约定提前解除本协议的，A公司下属公司有权解除与B公司下属机构签订的《业务实施协议》及其他A公司下属公司与B公司下属机构签订的与本协议有关的合同（如有），并通知B公司下属机构。

7.3　A公司依据本协议第7.1条约定解除本协议的，A公司下属公司如不解除《业务实施协议》或其他A公司下属公司与B公司下属机构签订的与本协议有关的合同（如有），A公司下属公司及B公司下属机构应当另行签署补充协议，对《业务实施协议》或A公司下属公司与B公司下属机构签订的与本协议有关的合同（如有）的履行进行约定。

下面通过一个相对完整的关于终止（解除）安排的约定，看看其如何约定终止的情形、后果以及终止后的安排等。

示例

某转售合同关于终止合同及后续事项的约定。

第17条　合同终止

17.1　有下列情形之一的，本合同终止：

（1）因法律法规或政策原因使本合同无法继续履行。

（2）卖方与转售方协商一致提前终止本合同。

（3）若转售方破产、解散、关闭或撤销、营业执照被吊销，卖方有权终止本合同。

（4）转售方存在本合同第［·］条项下一种或多种违约情形，或者不能向用户提供服务的其他情形，且经卖方通知仍不予改正的，卖方有权终止本合同。

（5）本合同到期，且经双方协商不再继续开展转售业务。

17.2　终止的后果

17.2.1　在本合同终止之日起，转售方不得再发展任何新用户或者向已发展用户销售新的转售品。

17.2.2　在本合同终止之日起，卖方将不再就转售方发展新用户或向已发展用户销售新的转售品提供任何服务/系统支撑，包括但不限于：

（1）不再向转售方提供新的销售品，并终止所有正在进行中的销售品配置工作。

（2）不再向转售方分配新的转售品，并回收已分配转售方、尚未向用户提供使用的所有转售品。

17.2.3　在本合同终止之日至终止工作全部完成期间，转售方应当按照法律法规规定以及本合同和转售业务用户服务协议约定，继续向已发展的用户提供服务，做好用户的安置/承接工作，承担对用户的所有责任，解决用户投诉或争议。

17.2.4　除非法律法规或国家政策有明确规定或者双方另行协商一致，否则，本合同终止后，双方应当按照本合同规定开展终止后的工作，包括已发展用户的安置/承接工作。

17.3　终止后的工作

17.3.1　转售方应当向［·］监管机构书面报告，并通知卖方。

17.3.2　转售方应当在公开发行的报纸、网站等媒体上公告，并以［·］方式告知用户。

17.3.3　转售方应当与卖方成立终止工作小组，沟通、协商终止相关事宜。

17.3.4　转售方还应当完成以下事项：

（1）委托独立审计师进行审计。

（2）与卖方核对用户数量、消费记录、出账情况等信息。

（3）与卖方进行款项结算。

（4）以用户自愿为原则，根据法律、法规、政策的规定和/或［·］监管机构的要求，以及本合同和转售业务用户服务协议的约定、与卖方的协商结果，确定用户安置/承接方案。

（5）根据终止工作安排，调整或终止与卖方之间关于［·］系统在内的各种租赁、支撑、服务等合同/协议（如有）。

（6）其他与终止工作相关事项。

17.4　用户的安置/承接

17.4.1　转售方的用户安置方案应当以用户自愿为基本原则，给予用户充分的选择权，不得以任何方式限制或恶意引导用户或加重用户的责任和负担。

17.4.2　如转售方与用户协商一致解除转售业务用户服务协议，转售方应当妥善处理与用户之间的款项结算等事宜，包括但不限于向用户退还已经收取、未提供服务的预收款项。

17.4.3　如用户自愿选择由卖方提供服务，转售方应当协助完成用户的承接工作，该等工作包括但不限于：

（1）向卖方移交用户资料。

（2）向卖方移交所有已向用户收取、未提供服务的预收款项。

（3）向卖方提供相关权利人关于转售品涉及的软件、品牌等的合理使用权。

（4）向卖方提供相关权利人关于转售业务涉及的服务内容的合理许可（如适用）。

合同解除也是合同当事人寻求救济的一种方式。对于当事人是否享有解除权，以及对于解除后的违约责任、清算清理事项的处理，是容易出现纠纷的事项，在合同的解除条款（约定解除）中需要特别关注。

23 法律适用条款

法律适用条款，是关于选择合同所适用法律的约定。例如，“本协议应由中国法律管辖，并根据中国法律解释”。又如，“本合同（包括附属协议）由［·］法律管辖，其冲突法规则除外”。

对于合同当事人及合同标的均不具备涉外因素的合同，应当适用中国法律。[①] 因此，可以不在合同中就法律适用条款作特别安排和约定。合同选择适用其他国家和地区的法律，应当具备涉外民事关系（如合同一方为外国主体），并符合中国法律关于涉外民事法律关系适用的相关规定[②]。

对于合同当事人或合同标的具有涉外因素的合同，法律适用条款往往成为交易各方律师争执不下的一个焦点。在中国法律明确规定必须适用中国法律的情况下，适用中国法，有据可依；但在按照最密切联系法律可以适用交易双方所在国的法律的情况下，对于法律的适用往往与交易各方的交易地位有关，而不是纯粹靠律师双方据理力争能够解决的。

---

① 有关涉外民事关系的认定，参见《最高人民法院关于适用〈中华人民共和国涉外民事关系法律适用法〉若干问题的解释（一）》（2020 年修正）第 1 条。

② 参见《涉外民事关系法律适用法》第 41～47 条，《最高人民法院关于适用〈中华人民共和国涉外民事关系法律适用法〉若干问题的解释（一）》（2020 年修正），《最高人民法院关于适用〈中华人民共和国涉外民事关系法律适用法〉若干问题的解释（二）》（法释〔2023〕12 号）。

需要说明的是，如果合同各方的法律人员对于法律适用等法律条款产生分歧和争执，碍于问题的专业性，客户可能不会表态，但又会觉得法律人员吹毛求疵，不希望交易因小失大。因此，法律人员对这个问题的处理要有大局观，权衡利弊，而不要成为“交易杀手”。

24 争议解决条款①

争议解决条款，是关于合同争议解决方式的约定。法律列举的四种争议解决方式中和解、调解不是解决合同争议的必经程序，因此，这里的争议解决条款主要是关于诉讼和仲裁的约定。

示例

第12条　争议解决条款

12.1　所有因本合同引起的或与本合同有关的争议将通过双方友好协商解决。如果双方不能通过友好协商解决争议，则任何一方均可采取下述第［·］种争议解决方式：

（1）将该争议提交［仲裁机构的法定名称］，按照申请仲裁时该会的仲裁规则仲裁。仲裁在［地点］进行。仲裁语言为中文。仲裁裁决是终局的，对本合同双方均有约束力。仲裁费用由败诉方承担。

（2）向［·］人民法院起诉。

12.2　在仲裁或诉讼程序进行中，双方将继续履行本合同未涉仲裁或诉讼的其他部分。

① 在选择仲裁方式的情况下，合同中的争议解决条款有时写作仲裁条款，或者由合同各方另行达成仲裁协议。

有关选择诉讼或仲裁的基本规则，似乎简单而清晰——诉讼和仲裁只能选择其一，如果没有明确约定选择仲裁，默认的争议解决方式就是诉讼；有关争议解决条款，也看似简单——对于法律人员来说，有时可能就是从其他合同中照搬，或者援引仲裁机构的示范条款。但实践中，因约定不明确给争议解决带来麻烦的案例并不鲜见，事与愿违的情形也时有发生。

24.1 约定仲裁的注意事项

24.1.1 注意避免仲裁约定无效

实践中常见的问题是，虽然明确地知道仲裁与诉讼不可兼得，并且当事人的本意是选择仲裁，但是因仲裁协议或仲裁条款约定不明确或者不规范，当事人的仲裁意思表示不清晰或者有歧义，导致仲裁约定无效。常见的错误有：

一是没有约定仲裁机构，或者约定的仲裁机构不存在或者不明确。例如，争议在“合同签订地（履行地）仲裁解决”，或者由“本市仲裁机关仲裁”或“当地仲裁委员会仲裁”，或者仅约定仲裁地点而没有仲裁机构。

二是同时约定两个仲裁机构仲裁。例如，“本合同争议可以提交A地仲裁委员会或B地仲裁委员会仲裁”。

三是约定的仲裁事项或范围与当事人本意不符。在多数情况下，当事人在合同中约定的争议解决方式是适用于该合同产生的全部纠纷，但在表述上却是“因违约产生的纠纷由［·］仲裁解决”。这样的约定会被理解为将仲裁事项限定于合同各方的违约纠纷，而并不当然包括合同当事人之间的其他纠纷。一旦合同一方因合同效力等原因发生争议，合同对方可能以纠纷不属于仲裁条款适用范围为由提出抗辩，使约定的争议解决方式落空。

24.1.2 注意所选择的仲裁方式可以实现

选择仲裁方式，合同各方当事人首先要有明确且有效的仲裁约定。无论在合同中约定仲裁条款，还是另行订立仲裁协议，都必须以合同各方作出明确有效的、同意选择仲裁的意思表示为前提。

有效的仲裁协议或仲裁条款应当同时具备请求仲裁的意思表示、仲裁事项以及选定的仲裁机构这三项内容。

可以借鉴的做法是，使用拟选择的仲裁机构的示范仲裁条款，这样可以有效地防范约定不明、表述不规范的风险。

示例1

北京仲裁委员会及北京国际仲裁中心示范条款：

“因本合同引起的或与本合同有关的任何争议，均提请北京仲裁委员会/北京国际仲裁中心按照其仲裁规则进行仲裁。仲裁裁决是终局的，对双方均有约束力。”①

此外，还可以考虑在仲裁规则允许的范围内“量身定做”适合的仲裁程序。例如，当事人可以选择提起仲裁时有效的仲裁规则，或者选择签订合同时有效的仲裁规则；还可以在仲裁条款中就适用简易程序还是普通程序等作出约定。

示例2

北京仲裁委员会及北京国际仲裁中心关于仲裁所适用的程序。

“……您可以根据合同的性质、金额对于仲裁程序及仲裁员人数作出特殊的约定：

【适用普通程序】双方一致同意，如发生争议，不论争议金额大小，均提交北京仲裁委员会适用北京仲裁委员会仲裁规则项下的普通程序进行仲裁。

【适用简易程序】双方一致同意，如发生争议，不论争议金额大小，均提交北京仲裁委员会适用北京仲裁委员会仲裁规则项下的简易程序进行仲裁。

【按特定金额为限适用程序】双方一致同意，如发生争议，均提交北京

① 参见《示范条款》，载北京仲裁委员会网站，http：//www. bjac. org. cn/page/zc/zctk. html，2024年6月19日访问。

仲裁委员会适用北京仲裁委员会仲裁规则进行仲裁。当本请求争议金额超过____万元的，适用普通程序；当本请求争议金额不超过前述数额的，适用简易程序。①”

24.2 诉讼选择管辖的注意事项

因合同引起的纠纷，可以由当事人通过订立合同争议条款约定管辖法院。但是，当事人的这种选择是有条件限制的，在约定管辖时需要特别关注。否则，可能因约定无效使争议未能按照当事人选择的方式解决。

约定管辖时的注意事项主要有以下几点：

24.2.1 不得违反法律规定

例如，选择的管辖法院必须与合同有实际联系，即当事人只能在被告住所地、合同履行地、合同签订地、原告住所地、标的物所在地等与争议有实际联系的法院中选择。并且，当事人的选择或约定不得违反级别管辖与专属管辖。又如，当事人只能选择约定一审案件管辖法院，而不能约定二审法院。

24.2.2 选择管辖的约定应当表述明确，避免含混不清

类似“因本合同发生的任何诉讼，双方均可向原告所在地人民法院提起诉讼”的约定，虽然一般不会被认定为无效，但在合同双方当事人同时提起诉讼的情况下，很容易引起管辖争议，造成诉讼程序的延长、诉讼成本的增加，给当事人带来不必要的麻烦。②

① 参见《示范条款》，载北京仲裁委员会网站，http：//www.bjac.org.cn/page/zc/zctk.html，2024年6月19日访问。

② 在2015年《最高人民法院关于适用〈中华人民共和国民事诉讼法〉的解释》出台之前，如果当事人在合同中选择了两个或以上的管辖法院，视为约定不明，这种约定管辖无效。但是，该司法解释出台后，选择两个或以上法院的，当事人可以选择向其中一个法院提起诉讼。尽管如此，选择两个或以上管辖法院，仍可能造成当事人为争取对己方有利的管辖法院而分别起诉、抢先起诉的情形，届时可能会陷入管辖权异议等诉讼程序，造成程序的拖延和诉讼成本的上升。因此，约定管辖法院时，以明确约定一个管辖法院为宜。

此外，还需要结合合同具体情况对争议解决方式作特别考虑和约定。

示 例

一份房屋交换协议书中关于争议解决条款的约定和处理。

【背景】 A公司（客户）将其所有的位于北京市海淀区的某房屋与B中心所有的位于北京市西城区的某房屋互相交换，提供给对方使用。客户将其起草的房屋交换协议书交由律师审查。其中关于争议解决的约定为：

“第十五条　因本协议引起的或与本协议有关的任何在履行过程中发生的争议，由双方协商处理。协商不成的，任何一方可以依法向房屋所在地的人民法院起诉。”

【分析】 如果抛开这份协议的特定情况，上述争议解决的约定并无不当。但是，律师注意到，由于该协议涉及的房屋分别位于海淀区和西城区，且均为不动产纠纷专属管辖，协议双方也无法约定选择其他法院管辖。因此，建议将争议解决方式由诉讼改为仲裁。修改后的条款为：

“第十五条　因本协议引起的或与本协议有关的任何在履行过程中发生的争议，由双方协商处理。协商不成的，任何一方均可提请北京仲裁委员会按照其仲裁规则进行仲裁。仲裁裁决是终局的，对双方均有约束力。”

24.3　注意有关联的合同之间争议解决方式的一致性

如果一项交易涉及不止一份合同，在约定争议解决条款时，应当有意识地注意保持合同之间争议解决方式的一致性或者协同性。

例如，甲、乙两公司就同一交易分别签订了框架协议和实施合同，甲、乙在框架协议中约定的争议解决方式为仲裁，在实施合同中约定为诉讼。由于两份合同针对同一交易进行安排，一旦发生争议，就以哪种方式解决争议，本身就存在争议。

又如，某一服务在合同文本安排上，由母公司A与B公司签订合作协议，再由A公司下属分公司C与B公司签订具体服务合同。A公司与B公司的协议约定将争议提交甲仲裁委员会仲裁，并约定“具体服务合同与合作协议冲突的，以合作协议为准”；C公司与B公司之间的具体服务合同则约定一旦出现争议将提交乙仲裁委员会仲裁。由此使争议解决的约定不明朗。

示例1

涉及三方当事人之间不同合同的争议解决条款的处理。

【背景】C公司与用户之间签署有用户服务协议。此后，C公司向其用户推出一项安心保障服务，即对于符合一定条件的用户，当出现因非人为、非故意造成的手机功能性损坏而无法使用等情况时，C公司可以为用户置换全新或与全新手机具有相同功能的翻新的手机。根据C公司与B公司之间的安排，B公司作为C公司的专项服务中心为用户置换服务提供运营支撑，即服务涉及的具体置换由B公司向C公司的用户提供，但B公司不与用户签署合同书。

除了与用户签订用户服务协议外，就该保障服务C公司将与用户签署安心保障服务条款，其中载明“本服务条款项下的服务由C公司负责提供，但凡是指明B公司之处，则由B公司向用户提供相关服务”。

在审查安心保障服务条款时，律师注意到，安心保障服务条款与用户服务协议一并构成安心保障服务的文件。但是，关于争议解决事项，在安心保障服务条款中约定为：“有关本协议及服务的任何争议将提交有管辖权的法院管辖。”而用户服务协议中的约定是：“所有因本协议引起的或与本协议有关的争议，双方将通过友好协商解决。协商不成的，则任何一方均有权：

(1) 请求位于［·］的［·］仲裁委员会依照仲裁规则对所争议事项进行仲裁。

(2) 请求有管辖权的人民法院对所争议的事项作出裁决。”

就用户服务协议C公司（客户）向律师说明，这份协议是模板，与用户签署的不是C公司，而是各分公司，对于模板所列的两种争议解决方式，由各分公司视情况与用户选择其中一种并在签署的用户服务协议中确定，而具体到某一特定的用户服务协议采用的争议解决方式，C公司是不了解的。

【分析】就争议解决条款，律师认为需要关注两个问题：第一，对于争议解决方式的约定。安心保障服务条款中“有关本协议及服务的任何争议将提交有管辖权的法院管辖”可能与各分公司与用户签署的用户服务协议中选定的争议解决方式不一致。但基于两协议的关联性，争议解决方式应当协调。第二，对于争议解决方式约定适用的主体。虽然用户服务协议和安心保障服务条款的签署主体都是C公司和用户，B公司均不作为协议签署方出现，但是由于B公司实际提供服务，C公司与用户之间关于手机安心保障服务的约定是适用于B公司的。而假设用户在与C公司签署的用户服务协议中选择的争议解决方式是去［·］仲裁机构仲裁，如果安心保障服务条款中B公司不出现，一旦用户就安心保障服务条款中由B公司向用户提供的服务出现争议，面临的问题是，如果以诉讼方式，则与用户服务协议约定不一致；如果以仲裁方式，则用户和B公司之间没有仲裁约定。

【处理】律师将手机安心保障服务条款中关于争议解决约定为，“……有关本服务条款任何争议，C公司、用户以及B公司同意适用C公司与用户之间已经签署的用户服务协议约定的争议解决方式”。

对于关联合同的争议解决约定，也可以通过专门的仲裁协议作出统一安排。

示例2

北京仲裁委员会及北京国际仲裁中心关于仲裁所适用的程序。

【关联合同】因本框架协议项下交易所涉合同引起的或者与本框架协议项下交易所涉合同有关的所有纠纷，不论合同订立日期早于或晚于本框架协议签订的日期，均提交北京仲裁委员会依照其现行仲裁规则进行仲裁。[①]

① 参见《示范条款》，载北京仲裁委员会网站，http://www.bjac.org.cn/page/zc/zctk.html，2024年6月19日访问。

总之，对于一项交易涉及不止一份合同，在约定争议解决条款时，应当有意识地注意保持合同之间争议解决方式的一致性或者协同性，避免割裂管辖。

24.4 格式条款合同的争议解决条款

经营者使用格式条款与消费者订立管辖协议，未采取合理方式提请消费者注意，消费者主张管辖协议无效的，人民法院应予支持。[①] 对于格式条款合同的争议解决条款，需要特别注意两点：一是在合同中提示对方当事人选择争议解决方式；二是选择的争议解决方式应当清楚明确，避免被法院或者仲裁机关认定约定不明而否定其效力。

示例 1

【案例】 消费者与某网络公司网络服务合同纠纷案[②]。

法院认为，本案中，双方签订了平台服务协议的管辖条款，该约定采取粗体下划线的方式予以重点阅读提示，且不违反级别管辖和专属管辖的规定。一审法院认定双方约定的管辖条款有效，双方应当依据该管辖条款确定纠纷管辖法院并无不当，二审法院予以支持。某网络公司所在地是浙江省杭州市余杭区，该公司关于本案移送杭州互联网法院的申请理由成立。故，一审裁定将本案移送杭州互联网法院处理符合法律法规规定，二审法院予以支持。

示例 2

【案例】 消费者与某小贷公司借款合同纠纷案[③]。

法院认为，提供格式条款的一方未履行提示或说明义务，致使对方没有注意或者理解与其有重大利害关系的条款的，对方有权主张该条款不成为合同的内容。本案中，案涉管辖协议属于格式条款，关于争议管辖地的约定属

---

① 参见《最高人民法院关于适用〈中华人民共和国民事诉讼法〉的解释》第 31 条。

② 参见北京市第四中级人民法院民事裁定书，（2023）京 04 民辖终 22 号。

③ 参见北京市第四中级人民法院民事裁定书，（2023）京 04 民辖终 19 号。

于与合同一方具有重大利害关系的内容，某小贷公司未提供证据证明其就案涉管辖协议向上诉人履行了充分的提示或说明义务，上诉人主张案涉管辖协议不成立于法有据，本院予以采纳。

同样是经营者使用格式条款与消费者订立的协议，是否采取合理方式提请消费者注意，将导致管辖条款的法律效力完全不同。

25 通知条款

通知，也是合同履行中的一项义务。[①]《民法典》有关合同履行中应当及时通知对方的规定，涉及中止履行、债权转让、解除合同、抵消等。通知行为是否能够得到证明，对当事人利益影响颇大。虽然我国民法对通知多采用“到达主义”，通知的风险由通知人承受，但是如果当事人在合同中约定送达地址，法院可以将该地址作为送达诉讼文书的确认地址。而且，随着电子方式送达的运用，传真号、电子信箱、微信号等电子送达地址，同样可以作为法院送达诉讼文书的确认地址。[②] 因此，通知条款虽然不是合同的必备条款，但仍有其法律意义。

通知条款一般包括以下内容：通知的方式、通信信息的确认、通信信息变更的通知义务、通知风险的分配以及通知送达的推定方式。

示例 1

第 12 条　通知及送达

12.1　任何与本协议有关的通知或其他通信往来应当采用书面形式（包括亲自送达、邮递或传真），并按照下列通信地址或通信号码送达被通知人，

① 参见《民法典》第 509 条第 2 款、第 558 条。

② 参见《最高人民法院关于进一步推进案件繁简分流优化司法资源配置的若干意见》（法发〔2016〕21 号）之 3。

并注明下列各联系人的姓名方构成一个有效的通知。

甲方：[·]

联系人：[·]

电话：[·]

传真：[·]

电子邮箱：[·]

地址：[·]

乙方：[·]

联系人：[·]

电话：[·]

传真：[·]

电子邮箱：[·]

地址：[·]

12.2　本协议第12.1条约定的各种通信方式应当按照下列方式确定送达时间：

（1）如系专人递送或邮寄，在收件人签收后视为送达。

（2）如系以回寄收执确认的电子邮件方式发出，在收到确认时视为送达。

（3）如以传真的方式发出，在发出时视为送达。

根据本协议，无论何时要求发出通知，如通知收受人书面签字放弃获得该书面通知的权利，则无论该弃权是在通知之前还是之后作出的，均应视为收到了该通知。

12.3　任何一方的上述通信地址或通信号码发生变化时，应在该变更发生后的［·］个工作日之内通知各方，否则各方对于原通信方式的通知视为有效通知。

示例2

第10条　通知

甲、乙双方履行本合同或与本合同有关的一切通知都必须按照本合同中的地址，以书面信函或者传真或者电子邮件方式进行。如采用书面信函形式，应使用挂号信或者具有良好信誉的特快专递送达，接受方签收挂号信或特快专递的时间（以邮局或快递公司系统记录为准）为通知送达时间；如使用传真方式，传真到达接受方指定传真系统的时间为通知送达时间；如使用电子邮件方式，电子邮件到达接受方指定电子邮箱的时间为通知送达时间。如果因接受方原因（包括但不限于接受方拒收书面信函、接受方传真机关闭或故障、接受方电子邮箱地址不存在或者邮箱已满或者设置拒收等）导致通知发送失败，视为通知已经送达（发送方侧载明的书面信函寄出时间或者传真发送时间或者电子邮件发送时间视为通知送达时间）。

上述两个示例风格不同，但都包含了通知条款的基本内容。

26 期限条款

期限条款不是合同的必备条款。对于有的合同，期限非常重要；对于有的合同，则可有可无。在一份合同中，期限究竟是可有可无的条款，还是必要、重要的事项，视期限的含义、合同的类型而定。为此，需要先厘清期限的含义，进而考虑约定期限条款的注意事项。

26.1 期限的含义

合同中有关期限的约定大体可以分为两类：一是合同的履行期限，二是合同的有效期。前者是合同当事人约定的履行合同义务的时间或期间，如付款期限、交货期、租期、服务期限等；后者指合同生效至终止之间的期限。

有时合同的履行期限与合同有效期是相同的。例如，某法律顾问聘用协议约定，“甲方特聘请乙方担任甲方［·］项目的专项法律咨询服务机构，由乙方根据本协议的条款和条件向甲方提供法律顾问服务。本协议由甲乙双方盖章之日起生效，合同期限为［·］”。

有时合同的履行期限与合同有效期不同。例如，某电路租赁合同约定，“本合同确定的租赁期限为一年，自租用电路开通之日起计算。对于电路开通，合同约定，本合同生效且甲方（使用电路方）具备本合同第［·］条约定的开通条件后的［·］日内，乙方为甲方完成租用电路的开通，并向甲方提供竣工单，甲、乙双方在竣工单上签字或盖章确认之日为租用电路开通日”。对于合同生效以及合同有效期的约定是“本合同自甲、乙双方盖章之日起生效，有效期一年”。这份合同有合同有效期和租期两个期限，且都是一年。根据业务流程，租用电路的开通日晚于合同生效日，这样租期的起算日晚于合同生效日。由此，会出现租期未满但合同有效期限却已经届满的情形。

因此，在设定期限条款时，首先要厘清设定的是哪种期限（与之相关的是期限条款设定是否有必要）。如果需要设定期限条款，则需要考虑不同期限之间的关系。

26.2 约定期限条款的注意事项

26.2.1 根据需要考虑是否设定合同有效期以及各种期限的关系

相对于履行期限，合同的有效期并不是那么重要和必要。如果当事人仅仅是希望将履行义务限定在一定期间内，合同中直接约定履行期限即可，而无须约定合同有效期。

例如，对于买卖合同，在约定履行期限之外并无约定合同有效期的必要。但是，对于租赁、服务、许可等合同，租期、服务期、许可期限等期限则十分重要。

如果既约定了履行期限，又约定了合同有效期，则需要考虑两者的关系。

例如，上述电路租赁合同的示例中，不同期限的设置，会出现合同有效期届满但租赁尚未到期的情形。对此，可以作出类似“除非一方提前三十天书面通知另一方其不再展期的决定，否则可延展服务将按同等合同期自动延长”这样的续展安排。

26.2.2 补签合同对期限的处理

实践中，当事人先履行合同，后签署合同书（补签合同）的情形并不少见。补签合同的做法固然不规范，但一旦遇到这种情况，在约定合同有效期时应当做相应的处理，以便合同效力能够至少追溯至合同开始实际履行之日。

例如，“本合同由甲方、乙方于［·］年［·］月［·］日签署，有效期追溯至［·］年［·］月［·］日生效”。进而，也可以在合同类似前言或者鉴于条款中对合同签署与履行的背景作简单描述，以与合同效力溯及既往的表述相呼应。

与之相关的是，从客观描述事实，避免日后争议角度考虑，不应当倒签合同日期，即不宜将合同签署日期人为提前至合同开始履行之日。

27 生效条款

27.1 合同生效与合同成立

合同的成立，是指合同各方当事人的意思表示一致。在合同成立后，才能进行合同效力的判断，合同成立是合同生效的前提。

“依法成立的合同，自成立时生效，但是法律另有规定或者当事人另有约定的除外。”① 对于合同的生效，除“常态”下的依法成立时即生效（例如“本合同自各方签署之日起生效”）外，还有满足法律规定的生效条件（指依照法律、行政法规的规定，应当办理批准等手续）或者合同当事人约定生效条件方可生效的“特殊”情形。对于合同的生效条件，当事人是可以在合同中作出约定的。

示 例

某发行股份及支付现金购买资产协议约定。

第 10 条　本协议的成立及生效

10.1　本协议自各方适当签署之日起成立。

10.2　除另有约定外，本协议自下述条件全部成就之日起生效：

（1）本次交易获得上市公司股东大会的有效批准。

① 参见《民法典》第 502 条第 1 款。

(2) 目标公司就本次交易所涉及的股权变动事宜完成内部决策程序。

(3) 本次交易标的资产的资产评估结果经国务院国资委备案。

(4) 本次交易获得国务院国资委的批准。

(5) 本次交易获得中国证监会的核准。

【分析】 本示例根据交易情况区分了协议的成立和生效，其中生效条件的设置则是同时考虑了法律规定和交易情况下的安排。

27.2 如何设置合同生效条件

在设置合同生效条件时，需要考虑是否存在依照法律、行政法规的规定，合同应当办理批准等手续的情况，[①] 如有，则在合同生效条件设置上也应当有相应的安排和体现。

示 例

《关于设立［·］有限公司之投资协议》关于合同生效的约定：

第 14 条　生效、变更和终止

14.1　本协议经双方盖章并经法定代表人或授权代表签署之日起成立，且在如下条件全部满足后生效：(1) 根据法律法规和双方公司章程的规定，签署本协议获得其内部有权决策机构的审议批准；(2) 标的公司设立事宜获得有权市场监督管理机构经营者的集中审查通过（如有）或无异议。

14.2　除非本协议另有约定或根据相关法律、法规的规定及政府主管部

① 合同审批指的是当事人从事某种交易，须获得有关主管部门的批准。从合同效力的角度看，合同只有在获得批准后才发生法律效力，故审批又是合同的法定生效条件或特别有效条件。合同审批具有以下特点：一是批准的对象是合同（区别于准予实施事实行为的行政许可）；二是合同审批是先有合同后有审批，即将已经签署的合同报有关部门批准；三是合同审批在本质上是审批机关对相对人的申请所为的合法性审查。参见最高人民法院民事审判第二庭、研究室编著：《最高人民法院民法典合同编通则司法解释理解与适用》，人民法院出版社 2023 年版，第 152－158 页。

门的要求，本协议的变更或终止需经本协议双方签署书面变更或终止协议，并在履行法律、法规规定的审批程序后方可生效。

【分析】除签字盖章成立外，结合该项目可能涉及经营者集中申报这一情况，对合同生效条件中作出安排。

在法律对于合同生效没有特别要求的情况下，当事人也可以视交易需要，对合同的生效约定一定的条件和期限，合同在所附条件成就、所附期限到达时生效。①

合同生效条件应当根据法律的规定并结合交易具体情况设置，而不是千篇一律为“签字盖章生效”，或者生搬硬套其他合同文本。

27.3　约定签字生效、盖章生效还是签字盖章生效②

27.3.1　约定签字生效还是盖章生效

“当事人采用合同书形式订立合同的，自当事人均签名、盖章或者按指印时合同成立。在签名、盖章或者按指印之前，当事人一方已经履行主要义务，对方接受时，该合同成立。”③ 因此，对于约定签字成立生效的合同，经有权签字人签字合同即生效；对于约定盖章成立生效的合同，加盖相应印章合同即生效。④

如果出现人章异常的情况，认人（签字）还是认章？

① 可以结合本书第3章之“14　先决条件条款”关于“14.1.1　合同生效的先决条件”的相关内容阅读。

② 本书中盖章，指法人、非法人组织的公章等印章，不包括自然人人名章。

③ 参见《民法典》第490条。除了签名、盖章外，《民法典》还有由当事人按指印订立合同的规定。考虑到商业合同中“按指印”不如签名、盖章普遍，故本书中未展开。

④ 参见《九民纪要》“三、关于合同纠纷案件的审理”之“（一）关于合同效力”之“41. 盖章行为的法律效力”。

该问题涉及职务代理与合同效力[①]、印章与合同效力[②]等问题。

《合同编通则司法解释》第 22 条对异常人章关系及其合同效力进行了规定。简而言之，加盖假章的合同未必对法人无效，加盖真章的合同未必对法人有效，关键在于签约人于盖章之时有无代表权或者代理权。在这种语境下，可以归纳为“认人（签字）不认章”。

但是“认人（签字）”是有一定条件的，如果单纯看签字或者看章，都有失妥当，应该要综合订立合同的名义、人员及权限等事项判断。[③]

27.3.2 约定签字盖章生效的理解与处理

在约定“本合同自双方签字盖章之日起生效”或者“本合同经双方授权代表签字并盖章生效”的情况下，如果仅盖章（而没有签字）或者仅由有权限签字的人签字（而没有加盖印章），合同是否成立生效?

类似这种约定，可能被解读为双方当事人为合同设立了特定的成立生效条件，即双方当事人盖章且由双方当事人或者授权代表签字，合同方成立生效。[④] 特别是在出现争议时，类似约定常常被作为一方否认合同成立、生效的理由。

下面来看两个示例。

---

① 职务代理，是指根据代理人所担任的职务而产生的代理，即法人或非法人组织的成员以及主要工作人员对于其职权范围内的事项所从事的民事法律行为，无须法人或非法人组织的特别授权，其法律后果应当由法人或非法人组织承担。参见《民法典》第 170 条第 1 款，《合同编通则司法解释》第 21 条。

② 其基本理念是只要法定代表人、负责人或者工作人员在职权范围内以法人、非法人组织的名义订立合同，且未超出权限范围，不能仅以公章真假作为判断合同是否对法人、非法人组织发生效力的依据。参见《合同编通则司法解释》第 22 条。

③ 一是要看章。如果法定代表人、负责人或者工作人员以法人、非法人组织的名义订立合同且未超越权限，已经加盖了公章，对公章的真实性没有争议，应当视为法人、非法人组织的行为。二是要看人。即使没有加盖公章（但有签名），或者公章真伪存疑的，如果法定代表人、负责人或者工作人员以法人、非法人组织的名义订立合同且未超越权限，该行为人订立的合同也应当对法人、非法人组织发生效力。三是虽然超越代表或者代理权限，但是构成表见代表，合同仍然有效。

④ 参见《合同编通则司法解释》第 22 条第 2 款。

示例1

【案例】 在某太阳能公司与某集团公司买卖合同纠纷案中,[①] 对于双方在供货协议书中约定“本合同生效条件如下：双方授权代表（须经法定代表人书面授权委托）签字盖章”。一审法院认为，供货协议书约定合同生效条件是双方授权代表（须经法定代表人书面授权委托）签字盖章。但是，某太阳能公司持有的仅是供货协议书的电子文档，电子文档上只有双方当事人的公司盖章，没有双方公司授权代表的签字；某集团公司提交的供货协议书上虽有某集团公司的盖章和授权代表的签字，但某太阳能公司一方仅有公司盖章，没有授权代表的签字，也没有合同签署的落款时间。二审法院认为，本案所涉供货协议书不符合合同法律关系的有效要件。根据《合同法》的有关规定，合同一经双方当事人签字或者盖章即告成立，在一般情况下，合同自成立之时即产生拘束力。但是，本案双方当事人在案涉供货协议书生效条件的条款中明确约定，协议须经“双方授权代表”而非“双方当事人”签字盖章生效，并且特别强调该授权代表“须经法定代表人书面授权委托”。可见，该合同约定的生效条件是作为自然人的授权代表签字或加盖其个人名章而非加盖合同当事人的公章。在此情形下，虽然未经授权代表签字盖章而只是由双方当事人加盖公章依然足以引起合同依法成立的效果，但是，本案合同当事人关于合同生效条件的这一特殊约定意味着当事人在合同生效要件的设计上有特别的用意与安排，双方当事人所预期的合同发生拘束力和履行力的条件是双方授权代表的签字或盖章。而事实上，某太阳能公司与某集团公司的授权代表确未共同在案涉供货协议书上签字或盖章，表明某集团公司有关签署该协议书只是为了项目申报，双方当事人不具有实际履行的意思表示的解释具有一定的合理性和可能性。

示例2

【案例】 在某物流公司与某化工公司海运集装箱租赁合同纠纷案中,[②] 对

---

① 参见最高人民法院民事判决书，(2015) 民二终字第36号。

② 参见上海市高级人民法院民事判决书，(2014) 沪高民四（海）终字第33号。

于“本合同一式两份，双方各执一份，双方授权代表签字盖章后生效”这一约定，某化工公司提出，双方之间“不存在海运集装罐租赁合同关系。根据涉案合同内容，该合同须双方授权代表签字盖章后生效。但是，涉案合同承租人一栏，只有单位的公章而没有法定代表人或其授权的代理人签字。因此，该合同未成立、未生效”。对此二审法院没有采信，而是认为，某物流公司的证据可以证明双方当事人之间关于涉案合同的订立以及实际履行过程，形成了较为完整的证据链。相反，某化工公司并未提供相应证据佐证其涉案合同未成立、未生效的主张，故二审法院对原审关于双方之间存在涉案集装罐租赁合同的判定予以确认。

可见，在认定合同是否成立和生效问题上，对于签字、盖章这类形式要件，更应当注重其实质内容。

为了避免日后产生争议，在约定合同生效条款时，即使是形式要件，也应当据实约定。对于仅需要盖章生效的合同，约定为“本合同经双方盖章后生效”即可。而对于“本合同自双方授权代表签字并盖章之日起生效”这样的约定，为免歧义，在合同签署环节应当按照“签字＋盖章”操作。

28 其他（通用）条款

合同中还有一些通用条款，如完整性条款、可分割性条款、文本条款、语言条款。这些条款在合同中可能独立列示，也可能被集中在合同的“其他条款”中。

28.1 完整性条款

当事人在订立合同前，可能已经过多次谈判与磋商，或者已就合同交易事项达成过口头协议或者签署过其他文件。

完整性条款的基本功能是，通过各方当事人的明示约定，表明这份书面合同是完全完整的，与合同交易事项有关的全部事项均以当前合同为准，该合同中的各条款构成当事人间的所有协议，从而排除任何此前或者同时的其他协议、陈述或保证的效力。同时，防止合同的某方当事人日后声称合同各方之间另有约定或默契而否认该书面合同的内容。

下面是常见的写法。

示例1

本协议及附件载明双方就本协议有关事宜达成的完整协议，而此前就上述事宜的书面或口头协议及谅解，包括双方之间的保密协议，均被本协议取代。

本协议的所有附件是本协议不可分割的一部分。本协议及其附件构成双方就本协议规定的标的达成的完整协议，并取代双方先前与该标的有关的一切口头和书面的洽谈、谈判、通知、备忘录、文件、协议、合同和通信。

示例2

本协议，包括根据本协议订立的《工作任务书》，构成本协议双方关于本协议标的的完整协议，并取代双方先前的或现在的所有陈述、建议、讨论和通信，不论是口头的还是书面的。若本协议约定与《工作任务书》的具体规定发生冲突，以本协议约定为准，但《工作任务书》另有明示规定的除外。

28.2 可分割性条款

可分割性条款，旨在说明合同条款之间彼此独立，如果某一条款无效，不影响其他条款的效力。

示 例

如果本协议的任何规定在任何方面因任何原因完全或部分无效、不合法或不可强制执行，本协议其他规定的有效性、合法性和可强制执行性并不因此在任何方面受到影响或损害。

28.3 弃权或不放弃条款[①]

在合同履行过程中，可能出现一方当事人违反合同而另一方当事人未能及时主张合同权利或要求对方履行该合同条款义务的情况。但并不意味着该当事人因此而放弃了今后要求违约方履行合同义务的权利。弃权或不放弃条款正是基于这种考虑而作出。

① 该条款来源为，在英美法系国家，如果不在合同中明示，当事人应当注意有根据“禁止反言原则”（equitable estoppel）解释为放弃权利的风险。

示 例

本协议的任何一方均有权：(1) 延长任何其他各方履行其义务或做出其他行为的时间；(2) 放弃要求另一方对其在本协议中或其根据本协议所交付的任何文件中作出的不准确陈述和保证承担责任；(3) 放弃要求任何其他各方遵守本协议中的任何约定或履行本协议中各项义务的先决条件。任何该等延期或弃权仅在受之约束的各方签署的书面文件中载明方为有效。对本协议任何条款或条件的放弃不应解释为将放弃追究以后违反该同一条款或条件的权利，或以后将放弃该同一条款和条件的权利，或放弃本协议任何其他条款或条件的权利。本协议任何一方未能主张其在本协议项下的任何权利不应构成该方对任何该等权利的放弃。

28.4 双（各）方关系条款

为了明确或澄清当事人之间的合同关系，在合同中应该对合同各方关系作明确的界定。

示例 1

本协议项下的双方作为独立的实体运营，本协议任何条款均不得被解释为创建合伙、特许经营、合资企业，或者雇主—雇员或代理关系。

示例 2

本合同仅为［·］目的而订立，不得解释为当事人双方之间存在合伙、代理关系。

28.5 文本及语言条款

合同应当有几份文本，视需要由当事人约定。有的合同书区分正本、副本，并约定当副本、正本内容不一致时以正本为准。

示例1

本协议及其任何修改可同时签署一份或多份中文副本，每份均应被签署该文本的双方视为原件，但是所有副本应被视为一份相同的原件。

此外，有的涉外合同还会涉及合同采用的语言的条款，对此法律无强制要求。但合同书采用不同语言，往往会约定不同语言的文本具有同等效力。[①]由于语言表达、文化习惯、翻译等原因，不同语言文本还可能有差异。因此，可以约定以哪个语言文本为准。

示例2

本合同以中文、英文文本签署，中文文本和英文文本如有不一致之处，以中文文本为准。本合同一式四份，具有同等法律效力，甲方、乙方各执两份。

28.6　标题条款

条款标题能够简明扼要地说明合同内容，便于阅读者查找合同内容。但是，由于标题过于简略，如果按照标题理解或解释合同内容，可能有歧义。为避免这种情况，应在合同中对于设置标题的目的、标题的作用和局限性作出约定和说明。

示例1

本合同各条标题仅为提示之用，应以条文内容确定各方的权利义务。

示例2

本合同中所包括的所有章节、条款的标题及目录均仅为便于参考而设，不构成本合同内容的一部分，亦不应对本合同的含义和解释产生任何影响。

---

① 参见《民法典》第466条第2款。

除上面列举的条款外，还可能有其他通用条款。对于这些条款的使用，需要注意两点：一是这类条款通常有较为固定的表述，平日里可以注意收集，而没有必要自己创设；二是需要根据交易、合同的具体情况选择使用，避免生搬硬套。

29 文本架构

除单一合同文本外，交易中可能有不同组合的文本架构。例如，“合同 + 附件”“合同 + 订单”“框架协议 + 具体实施合同”。有些复杂的交易，甚至需要一系列合同、协议来落实。相对于只有一份合同，如果一项交易需要若干份合同，或者合同带有附件，则需要注意文本之间的关联性和协调性。

下面是常见的几种文本组合模式及其注意事项。

29.1 “合同 + 附件”的文本模式

29.1.1 对合同正文与附件的关系作出安排和约定

在这种文本架构下，一份合同可能有一个或多个附件。需要注意在合同正文和/或附件中对其间的关系作出安排和约定。

例如，“附件为本合同不可分割的部分。若附件与合同正文有任何冲突，以合同正文为准”。但究竟以合同正文为准，还是以附件为准，需要根据交易需要和当事人要求安排。

又如，“组成本合同的文件如下所列，除本合同另有约定外，解释合同文件的优先顺序依次递减：(1) 本合同条款；(2) 本合同附件；(3) 经双方书面确认的谈判备忘及谈判过程中形成的其他文件。”

在文本内容上，可以采取在合同正文中集中列示附件，或者在合同正文需要时提及附件的方式处理。总之，从合同正文中能够清晰地看到附件的存在，通过在合同正文中说明或载明附件，使文本关系一目了然。否则，一旦产生争议，可能会带来举证上的麻烦。

示例 1

某设备买卖及服务合同集中列示了合同附件。

11.10　本合同双方同意，附件为本合同不可分割的部分。若附件与合同正文有任何冲突，以合同正文为准。

本合同附件为：

附件 1　合同设备、合同服务及相关技术文件清单及价格

附件 2　工程技术规范书及点对点应答

附件 3　工程进度表

附件 4　双方责任及工程分工界面

附件 5　测试及验收

附件 6　场地及环境准备要求

附件 7　培训、厂验、工程协调会

附件 8　技术承诺

附件 9　技术服务、支持、保修

附件 10　产品描述

附件 11　保修期保函或履约保函

附件 12　软件许可使用权证书或其他软件许可使用文件

附件 13　业务平台安全验收测试

附件 14　业务平台工程应用软件安全技术规范书

示例 2

某软件许可合同在对应的条款中载明合同涉及的附件。

2.1　甲方（软件权利人）基于本合同授予乙方或其指定的第三方合同软件许可使用权（软件许可使用文件见本合同附件 10），以保证乙方或其指定的第三方能够在中国境内正常地运行合同设备。甲方保证合同设备及合同

软件不存在任何质量瑕疵和权利瑕疵。在合同设备保修期内，如果合同软件升级，甲方将使乙方或其指定的第三方免费获得升级合同软件的许可使用权。

2.2　甲方按照本合同及附件1，向乙方提供详尽、可操作的技术文件。

2.3　甲方按照本合同及附件9，向乙方提供技术服务。

2.4　甲方按照本合同及附件7，向乙方及其指定的第三方提供培训。

权利和义务、违约责任等法律事项是在合同正文中约定，并且实务中合同正文多由法律人员起草、审查，而合同附件通常是关于业务和交易的安排，由商务等不同部门、岗位的人员准备，其潜意识里会觉得附件不是合同那样的法律文件，因此对待附件可能不像对待合同那样警觉和重视。由此，对于有附件的合同，法律人员需要注意特别提示客户关注附件与主合同以及附件之间的关系。

29.1.2　注意附件之间的关系

当一份合同有若干附件时，如果各附件涉及的事项有交叉、重叠，例如付款安排在有关付款的附件和有关业务流程的附件中都涉及了，则应当注意附件之间约定的一致性。

29.2　“合同+订单”的文本模式

这种文本架构，往往是交易各方在合同中确定交易标的、价格和付款、履行期限等业务或商务安排，以及权利义务、违约责任等法律事项后，再通过下达订单的方式将单个工作或单项服务或单笔交易分批次具体落实。①

对于“合同+订单”这种文本模式的安排，在文本处理上需要注意以下两点：

29.2.1　在合同中充分考虑订单的操作流程

应当在合同中对订单的签发、审核和确认流程作出明确安排，并考虑合

① 可以结合本书第2章之“6.2　客户对合同工作有什么要求”关于“6.2.1　客户对工作成果的要求”阅读。

同的解除等终止情形对订单的影响。

示 例

"在本合同终止或解除后，甲方（采购方）不再向乙方下达订单，但双方仍应按照本合同的其他规定和已下达的订单继续履行已签署的订单，直至该订单下的权利义务履行完毕。订单终止或解除，不影响本合同效力。"

29.2.2 注意合同与订单主体的协调性

签发订单的主体应当与合同的签约主体保持一致，或者符合合同的约定。例如，由A公司签订合同并在其中约定由A公司的子公司下达订单，则订单应当由A公司的子公司作出。如果由A公司的其他关联方作出，其效力可能受到质疑，容易出现纠纷。

如果订单签发主体与合同签约主体不一致，例如，合同由A公司签订，订单由其子公司下达，则可以在订单中作类似"双方确认：本订单受合同的约束。与本订单有关的争议将按照合同的约定解决"的约定。

29.3 "框架协议+具体实施合同"的文本模式

"框架协议+具体实施合同"的文本模式，可以是交易双方就一定期限内交易的主要内容达成框架协议，再由双方就单个交易签订具体实施合同；也可以是由公司上一级法人就交易事项签订框架协议，确定合作原则或者交易机制，再由各自下属单位（如子公司）签署具体实施合同。其中的框架协议，是合同当事人就交易达成原则性的意见，对交易的主要内容予以确定而订立的合同；其中的具体实施合同，是交易各方基于框架协议的原则，对交易细节加以落实而订立的合同。

示 例

某银行（甲方）与某信息服务企业（乙方）签署的战略合作框架协议。

第1条 总则

1.1　甲乙双方同意建立长期战略合作关系。双方充分发挥在各自领域的优势，围绕各自从事的行业和业务领域发掘合作机会，开展全方位、多领域合作。

1.2　本协议为双方合作的框架性文件，协议中所涉及的具体业务均需另行签订业务合同。

1.3　本协议甲方包括［·］总行及其各分支机构及成员企业，乙方包括［·］公司及其下属公司。

第2条　业务合作领域

2.1　甲乙双方将在金融业务、综合信息服务、客户及渠道资源共享等多个方面开展一系列合作。

2.2　金融业务方面合作

乙方同意将甲方作为金融业务主要合作银行之一。在符合国家有关法律法规、金融政策以及甲方的相关业务规章制度的前提下，甲方可根据乙方的需要为乙方提供优质高效的金融服务。

2.3　信息服务方面合作

乙方根据甲方需求，在相关法律、法规、规章允许的前提下，为甲方设计全业务解决方案，提供相应的服务。

第3条　合作机制

3.1　为更好地落实双方的战略合作伙伴关系，甲乙双方同意加强交流与沟通，建立多层次、经常性联系机制，有效推进合作，包括但不限于：

（1）双方加强高层交流，建立高层会晤制度，共同推动双方战略合作关系进一步发展。

（2）双方指定对口牵头联系部门负责组织与对方的交流与沟通，协调相关业务合作事宜。甲方联系部门为［·］，乙方联系部门为［·］。

（3）双方将根据战略合作会谈的要求，组织相关部门和分支机构共同成立专项工作小组，负责研究、组织、协调、推动具体合作项目的顺利开展。

3.2　为实现本协议的各项合作，双方应当依照上述机制并指定相关部门就具体合作流程进行协商，并于达成共识后进行具体合作。

3.3 对于未纳入本协议的合作事项，双方对于任何一方或者共同提出的建议应进行协商，并于达成一致意见后合作。

3.4 对双方已达成共识的具体合作事项，本协议没有约定的，双方可以在遵守本协议原则的前提下进一步另行签订具体合作协议。具体合作协议与本协议约定有冲突的，以具体合作协议为准。

"框架协议+具体实施合同"这种文本模式安排在文本处理上需要注意以下两点：

29.3.1 合理分配框架协议与具体实施合同中的约定事项

需要考虑哪些事项在框架协议中约定，哪些事项在具体实施合同中约定。

例如，上述的战略合作框架协议中约定了甲、乙双方的合作领域，在这些领域内，甲方的分支机构与乙方的下属公司之间开展哪些合作、如何合作等，需要双方或者其分支机构、下属公司另行协商，达成具体合同。

29.3.2 考虑框架协议和具体实施合同之间的协同性

由于框架协议和具体实施合同之间具有关联性，还需要特别注意其间的协同性。

法律人员对于文本协同性的关注，首先体现在法律事项的协同上。例如，当框架协议与具体实施合同约定有冲突时以哪个为准。应对框架协议和具体实施合同在争议解决方式等事项上作出一致性或者具有可操作性的安排①，避免出现类似在A公司与B公司签署的框架协议中约定，"与本交易事项相关的争议由中国国际经济贸易仲裁委员会仲裁"，而在A公司的子公司与B公司签署的具体实施合同中约定，"与本合同有关的一切争议事项交由法院解决"的情形。对此，可以考虑在具体实施合同中作出与框架协议争议解决条款同样的约定，或者约定"有关争议解决方式，与框架协议约定保持一致"。

① 可以结合本章之"24.3 注意有关联的合同之间争议解决方式的一致性"阅读。

除了法律事项的协同外，还要注意不同合同文本在商务或业务安排上的协同性。例如，在设定具体实施合同的期限时，要考虑是否超出框架协议的有效期。如果超出，框架协议确定的交易原则等事项并不当然适用于具体实施合同。又如，就其中一个协议的解除对其他关联协议的影响，是约定为“框架协议解除的，具体实施合同同时终止或解除”，还是约定为“框架协议解除的，由具体实施合同的合同各方协商确定是否终止该具体实施合同”。这些事项虽然不是纯粹的法律事项，但是对交易有影响，而且业务人员可能会关注不到，法律人员应当在合同起草、审查过程中予以考虑或提示客户作出安排。

示 例

A公司总部（以下简称A）与B公司总部（以下简称B）就某项业务的协议架构安排是由A与B订立《业务合作协议》，再由两公司的下属分公司、子公司订立《业务实施协议》。下面是关于《业务合作协议》与《业务实施协议》关联性的约定：

业务合作协议

第9条　关联性与协同性

9.1　本协议与A下属公司与B下属机构签订的省级业务实施协议、A下属公司与B下属机构签订的与本协议有关的其他合同，共同构成双方开展本协议约定的合作业务的完整协议。省级业务实施协议及与本协议有关的其他合同均应根据本协议确定的规则制定，如与本协议存在冲突，以本协议的约定为准。

9.2　A、B应保证各自下属机构受到本协议的约束，对该等主体违反本协议产生的一切后果，A与其下属机构、B与其下属机构均应相互承担连带责任。

业务实施协议

第1条　总则

1.1　本协议是根据A与B签订的《业务合作协议》（合同编号［·］）

确定的规则制定的。本协议双方为开展本协议约定的合作业务而签署的其他合同，与《业务合作协议》共同构成双方之间就本协议约定的合作业务的完整协议。

1.2　本协议双方为开展本协议约定的合作业务而签署的其他合同均应按照《业务合作协议》确定的规则制定。如本协议双方为开展本协议约定的合作业务而签署的其他合同与《业务合作协议》存在冲突，以《业务合作协议》为准。

总之，当一项交易涉及若干合同等文件时，交易各方相互关联，但又是不同的法律主体，其间存在多项业务安排，且互相影响。交易的不同部分、环节可能都有对应的合同文本，各文本之间表面上看互相独立，但内在却有关联。因此，无论是文本架构的设计，还是对每一份合同的内容，都需要格外注意相互照应。

第 4 章

从商业意图到法律文件

提　要

从商业意图到法律文件的过程，无论是起草合同还是审查、修改合同，基本都需要三个步骤：首先，了解客户的商业意图，包括对交易以及客户需求的了解，也就是捕捉和理解合同的“商业芯”。其次，进行法律判断，即以一定的法律逻辑解读交易逻辑，在交易关系与法律关系之间建立联系，对交易的合法性作出判断，以援引恰当的法律规则。最后，制作、修改法律文件。

本书第2章讨论了对客户商业意图的了解，第3章解剖了合同这个法律文件。本章将说明如何通过合同的起草、审查和修改工作落实客户的商业意图，即如何以法律人的思维和专业技能将商业意图表达出来，呈现为法律文件，完成合同“商业芯”与“法律壳”的有机结合。

30 对交易进行法律判断

对交易进行法律判断是以法律视角观察交易，从法律角度分析交易。对交易的法律判断主要从两个方面进行：交易的合法性判断以及交易对应的法律关系判断。其中，合法性判断，可以说是法律人员的首要工作。如果交易不合法，合同的体例再清晰、逻辑再严谨、表达再规范，都不会受到法律保护。法律关系的判断，则是确定交易适用的法律规则的基础。如果对交易的法律关系判断错误，合同工作可能会误入歧途。

因此，无论客户对合同工作的要求是审查合同，还是起草合同、修改合同，对交易进行法律判断，都是合同法律工作的应有之义。

30.1 判断交易的合法性

对交易的合法性判断可以围绕交易主体、交易标的以及交易程序三个方面进行。

30.1.1 交易主体的合法性和适格性判断

对交易主体的合法性和适格性判断主要从以下三个方面进行。

一是交易方是否依法设立并在存续期内。这是判断一个交易主体是否具备法定的签约资格和法定的履行资格的基础。由于民事主体有自然人、法人以及非法人组织之分，需要结合不同的交易主体情况进行判断。[1]

示 例

【背景】在律师审查某投资公司（T 公司）与其他企业（W 公司）共同出资设立目标公司的出资协议中，有由核心员工组成有限合伙形式的员工持股平台作为目标公司股东的安排。在客户草拟的设立目标公司的出资协议中，持股平台是一方当事人，目标公司章程载明股东中也有持股平台。但是，律师也注意到，在出资协议中 T 公司和 W 公司约定，将在目标公司成立后立即启动员工持股平台的设立工作；目标公司章程也将员工持股平台的安排作为目标公司董事会决策事项之一。经向客户询问，作为出资协议当事人的该持股平台在签订出资协议时尚未设立。

【分析】持股平台这个尚未成立的民事主体不能作为合同当事人。对于客户由员工持股平台持股的这种安排，律师可以提出处理方案建议，例如，以代持股、股权转让等方式操作，由客户决定采取哪种方式，并在出资协议等文件中作出约定。

二是交易方是否具有相应的资格、许可及授权。交易主体是否具备从事某类行为的资格，例如以公益为目的的非营利法人、非法人组织不得为保证人；[2] 交易主体是否获得行政许可，例如只有在取得商品房预售许可后才能签订商品房预售合同；交易主体是否已经得到必需的授权等，例如使用他人软件的，是否获得软件著作权人的授权。

示 例

【背景】J 公司是一家旗下有若干子公司的企业集团的母公司，J 公司与

---

① 根据当事人的不同情况适格性判断有所不同，例如当事人一方是自然人，其适格性判断需要根据该当事人的年龄、智力、知识、经验并结合交易的复杂程度判断。参见《合同编通则司法解释》第 11 条。

② 参见《民法典》第 683 条第 2 款。

B公司之间有多项合作关系。

B公司交由律师审查的一份拟由J公司下属企业C公司与B公司签署的《[·]物流配送及相关服务协议》，其中约定由C公司向B公司提供包括物流快递服务在内的服务。律师注意到，C公司的经营范围为“普通货运，货物专用运输（集装箱）（道路运输经营许可证有效期至[·]年[·]月[·]日）”，但没有快递业务及相关许可证信息。

【处理】对于C公司没有相应的经营资质这件事，律师向B公司作出提示。对此，J公司的解决方案是，由其旗下具有快递业务经营资质的D公司出具授权。下面是D公司出具的授权证明。

授权证明

C公司和D公司同属J公司旗下，D公司具有快递业务经营许可证，现授权C公司用于开展《[·]物流配送及相关服务协议》项下有关物流配送业务，相关责任由D公司承担。

特此授权。

授权方：D公司（盖章）

被授权方：C公司（盖章）

日期：[·]年[·]月[·]日

对于J公司的这种措施，律师向客户说明，业务资质许可属于行政许可，当事人不得通过许可等方式转借给其他主体使用。由于协议对应的服务涉及C、D两公司，则这两家公司都是合同当事人。D公司即使不在协议中出现，也是交易的当事人之一。因此，协议应当将B公司、C公司和D公司均作为签约方，在协议内容中也应当明确D公司的义务、责任等。相应地，律师对协议条款做如下增改：

“6.10 本协议项下物流配送服务由C公司的关联公司D公司提供，C公司及D公司应当保证按照本协议约定的服务内容、流程、质量要求提供服务。D公司提供的服务不符合本协议要求的，C公司和D公司应当向B公司承担相应的违约责任。D公司提供服务过程中给B公司及其关联公司、用户及其他第三方造成损失的，C公司应当与D公司承担连带责任。”

三是交易方的信誉和履行能力。再完备的合同条款也无法保证当事人全面履行合同。为了综合判断交易方履行合同的能力、承担民事责任的能力，可以对交易相对方以往的合同履行情况、出资情况、股权结构及实际控制情况、经营业绩及财务情况、分支机构及对外投资情况进行了解并作出判断。

例如，合同相对方是否为失信被执行人，是否被纳入“企业经营异常名录”“重大税收违法案件当事人名单”“政府采购严重违法失信行为记录名单”，是否受过行政处罚或有未履行的生效判决等。

30.1.2 交易的合法性及标的的权属判断

对于交易本身合法性的判断，可以从交易标的和商业模式两方面着手进行。前者例如，以珍惜动物、珍贵文物等限制流通物、禁止流通物作为交易对象。又如，销售假冒产品等违法标的物。与交易标的违法相比，实务中，交易本身出现合法性问题，很多是交易具体安排、商业路径等商业模式不合法所致。而对于交易商业模式的合法性审查，需要特别关注商业路径和交易实现方式的合法性。

示例1

关于个人征信“断直连”。

在《征信业务管理办法》出台之前，银行等金融机构通过不具备个人征信许可的网络平台等机构获取个人信用信息的情况较为普遍。2021年4月29日，中国人民银行、原中国银行保险监督管理委员会、中国证券监督管理委员会、国家外汇管理局等金融监管部门就金融业务持牌经营、依法合规开展个人征信业务、强化金融消费者保护机制等议题联合约谈十多家网络平台机构，并通过窗口指导等方式，要求相关网络平台和银行等金融机构之间断开个人信用信息的数据直连，通过具备个人征信业务许可的机构依法合规开展个人征信业务，规范个人信息采集使用，即“断直连”。根据《征信业务管理办法》第5条第1款规定，金融机构不得与未取得合法征信业务资质的市场机构开展商业合作获取征信服务；第51条规定，该办法施行前未取得个人征信业务经营许可或者未进行企业征信机构备案但实质从事个人征信业务的机构，应当自办法施行之日起18个月内（2023年6月30日前）完成合规整改。由此，“断直连”再次被业界关注。

【分析】《征信业务管理办法》出台前，金融机构通过不具备个人征信许可的网络平台等机构获取个人信用信息的情况，即开展个人征信业务的路径不合规，因此被要求“断直连”。

根据法律人员参与交易的不同情况，对交易的合法性判断工作，有的是在交易一开始就有意识地进行了。例如，在新业务、新产品的可行性论证阶段，或者项目的立项阶段，客户在对项目、产品、业务进行技术、商务、财务可行性论证的同时，也进行法律可行性分析。有的则是在交易进行了一段时间，甚至是当需要签署合同这样一个对交易做“阶段性总结”的文件时，交易的合法性论证才被动地进行。例如，法律人员在审查合同时发现，合同对应的业务安排或者交易本身可能不合法或者存在权属缺陷。

示例2

某客户拟推出一项网络竞猜业务，由于是一项新业务，客户找不到合同模板，需要律师准备一份与合作方签署的业务合作协议。客户向律师介绍，这项业务是在网络上提供押输赢、竞猜游戏，不设置用户每局、每日游戏积分输赢数量，同时向用户提供以虚拟货币兑换现金服务。律师判断，这项业务涉嫌通过网络游戏变相赌博，交易本身违法。

当法律人员否定了客户交易路径等具体安排时，常常会被要求提供可行的路径或者替代的方案。**对于法律人员来说，给出既合法又能够为客户接受的替代性解决方案，不一定属于“基础法律服务”，但确实是法律人员可以**

提供的一项“增值法律服务”。这项增值服务，不仅可以获得客户对法律工作和法律人员的极大认可和尊重，而且可以创造价值。

替代性方案的提出，对法律人员来说是一项挑战——除了精通法律，还要了解商务并谙熟所在行业的交易操作。例如，上述针对个人征信“断直连”的问题，需要就开展个人征信业务的路径进行调整。①

交易合法性是交易的基础。因此，**法律人员无论在哪个阶段介入工作，也无论客户对合同工作的要求是什么，都要对交易进行法律判断**。面对业务或者交易本身涉嫌不合法，即使客户让法律人员只是起草或者修改合同，而不是就业务或者交易的合法性发表意见，法律人员也不能以“鸵鸟政策”处理——不能视而不见地起草、修改合同，而是应当明确告知客户该项交易或业务存在的合法合规问题，进而考虑对策和提出可替代的处理方案。

30.1.3 交易程序的合法性判断

“重实体、轻程序”的现象在合同工作中同样存在。相对于合同内容，合同对应的交易程序是否合法、合规容易被忽视。

例如，法律人员审查一份采购合同，发现采购事项应当依法招投标但未履行招投标程序；审查一份国有企业股权转让协议，发现没有按照国有资产监管要求进场交易。这些程序性问题不仅可能影响合同关系的建立，还会对合同的有效性产生影响。因此，在开展合同工作时，也应当有意识地对这些问题加以关注。

30.2 判断交易的法律关系

判断交易对应的法律关系，旨在确定交易的法律基础，找到对应的法律关系，援引适当的法律规则，进而在合同中确定各方的权利和义务。

客户向法律人员介绍的只会是交易关系，而不可能是法律关系。对于法

① 参见《征信新规“断直连”下开展个人征信业务的法律合规要点》，载天元律师事务所官网2023年6月25日，https：//tylaw. com. cn/Content/20230620102519O933. html。

律人员来说，需要在交易关系与法律关系之间建立连结点和对应关系。

交易关系和法律关系之间会呈现一种有趣关系：两者往往交织在一起，并不是那么泾渭分明；但有时又让人觉得是“两张皮”，难以找到其间的对应关系。因此就需要有一双“慧眼”，既能够分清彼此，又能在其间建立对应关系。

30.2.1 如何进行交易的法律关系判断

进行法律判断，首先需要找到对应的法律规范，也就是找到相关的法律规定。

从浩如烟海的法律中找到相关的规定，这个说法听起来似乎让人茫然而无从下手——不是因为找不到这些法律，而是不知道与哪些法律相关。那么，如何知道交易与哪些法律相关?

就与交易相关的法律规定，大致可以从两个方向入手：

一是有关合同之债的法律，如《民法典》不仅规定了合同订立、合同效力及合同履行、权利义务关系终止、违约责任等合同关系的一般规则，而且在合同编中列举了十几种典型合同的具体规则，对于判断和确定合同关系有直接的帮助。例如，对于一项交易，可以对照法律有明文规定的合同的特征判断合同关系及规则。对于法律没有明文规定的合同，可以适用《民法典》合同编通则的规定并可以参照适用《民法典》合同编或者其他法律最相类似合同的规定。①

二是交易对应的行业或者领域的法律，如股权交易事项主要对应《公司法》《证券法》，专利权关系主要对应《专利法》。

相对于有关合同的法律规定，交易对应的行业或者领域的法律，规定了特定交易中有关法律关系主体（如对交易主体的资质要求）、交易程序（如国有企业产权交易）以及交易规则等事项的要求。这些不仅会直接影响对交易对应的法律关系的判断，而且对交易的合法性、交易主体的适格性以及交易程序的合法性等的判断更是会有直接的影响。对此在司法实务中有直观的

① 参见《民法典》第467条第1款。

体现。例如，法院在审理对赌协议纠纷案件时，“不仅应当适用合同法的相关规定，还应当适用公司法的相关规定”①。

因此，在判断和确定交易对应的法律关系时，可以从上面两个维度作为寻找和确定“相关”法律的方向，并由此延展。下面通过两个示例说明如何通过寻找相关法律规定确定交易的法律关系。

示例1

A公司拟向用户提供云安全产品，需要准备一份合同。在确定这个交易对应的法律关系和合同主要内容时，律师的工作思路是：

从合同关系看，虽然A公司介绍的是向用户提供“云安全产品”，但从A公司介绍的交易安排看，这个“产品”是一种“能力”。这种“能力”对应在法律上是提供服务，与典型合同中的技术合同有一定的相似性（但又不尽相同）。律师初步判断，对于合同关系，在参考有名合同（技术合同）的同时，还需要结合合同法的一般规则处理。

由于交易涉及的“产品”是云服务，属于增值电信业务服务，因此这项交易还必须遵从该领域的规定。例如，应当符合《电信业务分类目录》资质的要求，同时，云产品可能涉及网络安全，为此还需要考虑《网络安全法》等要求。

下面以第三方交易平台模式中的法律关系为例，说明如何分析每一个交易关系对应的法律关系。

示例2

【背景】通过互联网等信息网络销售商品或者提供服务的电子商务经营活动，有自营模式和第三方平台模式等不同经营模式。其中，第三方平台模式，是指平台方通过网站、移动应用App等平台（交易场所）为交易各方提供平台服务的网络交易模式。在该模式中，平台方不直接参与交易各方之间

① 参见《九民纪要》“二、关于公司纠纷案件的审理”之“（一）关于‘对赌协议’的效力及履行”。

的交易，而是为交易各方提供交易场所（互联网平台）以及交易撮合、信息发布等平台服务，并承担平台管理责任。

由于第三方平台这个虚拟的交易场所汇集了平台内经营者、用户、平台方以及提供相关服务的第三方服务商（如软件服务、电子签名认证服务、支付服务、物流服务、客服等服务供应商）等多方主体，因此，其间的法律关系较为复杂。

【处理】 在判断交易模式的法律关系时，可以从不同交易主体出发，梳理出其间的交易关系，构建关系图，进而分析每一个交易关系对应的法律关系（见图2）。

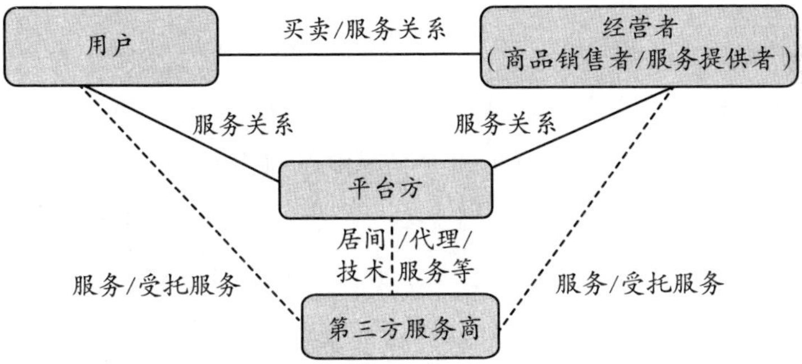

图2　第三方平台模式中的主要法律关系

图2中各方法律关系为：

1. 平台方与经营者之间的关系

平台方与平台内经营者通过签订平台服务协议、注册协议等文件，[①] 形成服务合同关系。平台方按照平台协议、平台规则向平台内经营者提供平台服务。

2. 平台方与用户之间的关系

平台方与用户通过签订平台协议、注册协议等文件，形成服务合同关系。

① 可以结合本章之“34.3　互联网合同工作的注意事项”阅读。

平台方根据平台协议等文件约定向用户提供服务，并承担相应责任。[①]

3. 平台内经营者与用户之间的关系

平台内经营者通过第三方平台向用户销售产品/提供服务，与用户之间形成买卖/服务合同关系。平台内经营者向用户承担作为商品销售者和服务提供者的责任。

4. 平台方与第三方服务商之间的关系

为便利平台内经营者与用户之间的交易，平台方也会引入物流服务、支付服务、软件服务、电子签名认证服务等其他第三方服务商。

视业务安排不同，第三方服务商与平台方、用户之间的关系存在多种可能。例如，第三方服务商可能会以其自身名义独立向用户提供服务并承担责任（如快递公司）。这种情况下，引入第三方服务商的平台方为第三方服务商与用户之间提供的可能为居间服务。又如，第三方服务商可能作为平台方的受托方、代理人或者外包商为用户提供服务（如平台的客服团队）。这种情况下，平台方分别需要就其作为委托方、被代理人，就第三方服务商的服务向用户承担相应的责任。再如，第三方服务商还可能仅为平台提供技术支持，而不直接面对用户（如 App 软件开发、技术支持），为平台提供服务，向平台方承担责任。

判断交易的法律关系，可以按照不同的主线找到关于交易事项适用的法律，在对交易安排与法律特征进行比对分析后，在两者之间找到对应性。特别是对于不断涌现的新业务、新产品、新服务、新交易类型，其法律关系是相同的，能够透过纷繁复杂、眼花缭乱的表象分析和洞察其法律关系的本质，就容易判断交易的法律关系。[②]

---

① 与平台内经营者不同的是，平台方并不当然向用户承担平台内经营者的责任，只是基于特定的情形对于平台内经营者的责任承担连带责任或补充责任。

② 参见刘瑛、李晓华：《如何起草/审查商业交易中的数据处理合同条款》，载微信公众号“天元律师”2022 年 10 月 25 日，https：//mp. weixin. qq. com/s/m9zEk8sMcN3xk5QzrOnE9Q，最后访问日期：2024 年 6 月 30 日。

总之，判断法律关系既应当精通法律，也需要明白交易。在相同的表象下看到不同，在不同的现象中找出共性。[①]

30.2.2 对交易进行法律关系判断中的注意事项

首先，注意区分商业操作及惯例与法律关系之间的不同。

例如，商业环境下将代理和经销混用。客户向法律人员介绍的经销业务，实际上是代理业务；客户说的代理商，却可能是经销商。对于客户的混用，法律人员不能不加甄别地沿用客户的概念，而是要对交易对应的法律关系进行判断。即使不一定纠正客户的习惯用语（但应当向客户澄清法律含义），在落实到合同中，也应当基于交易对应的法律关系安排各方的权利义务。

其次，应当基于对交易安排和操作的了解，判断其法律关系，而不能望文生义。[②]

例如，不能看到“软件买卖”就确定是买卖关系，而是要进一步了解交易细节。由此可能会发现，客户介绍的“软件买卖”交易，实质上是软件著作权许可法律关系。

最后，对交易法律关系的判断要全面，不能有遗漏。否则，不仅会导致合同中权利义务安排上的缺失，而且会影响对交易合法性的判断。

例如，一项设备买卖交易中，除了设备的买卖（买卖关系），技术服务也是交易中的一个重要事项（技术服务关系），运行设备和系统还需要软件支撑（著作权许可关系），进而，一方当事人可能由代理商代为签订合同（委托关系）。由此，这项交易至少涉及买卖、技术服务、著作权许可关系以及委托关系四项法律关系。如果对法律关系的判断存在疏漏，则可能在合同中会少约定某一项法律关系下的权利义务。

---

① 可以结合本书第 3 章之“7　合同的名称”阅读。

② 可以结合本书第 2 章之“5　了解合同对应的交易”中关于“5. 2. 1　在了解过程中应注意对交易的辨识与澄清”部分阅读。

31 利用参考文本起草合同

通过法律文件落实商业意图的一项重要工作是起草合同。

起草合同前，基本上都会寻找其他交易的合同文本或者合同模板作为参考。从无到有的起草，不仅费时费力，而且容易出现文本结构不合理、内容缺失、条款单薄、表述不规范等问题。而好的参考文本或者合同模板从商业和法律实践总结出来，从文本体例和结构到条款设置和逻辑以及用语和表述，都经过推敲和检验，具有一定的可靠性。借助既有文本，可以迅速建立合同文本体系，弥补自身思考的局限性，提高表述的准确度。因此，寻找、选择参考文本或者合同模板等既有文本，几乎是合同起草工作的一个必经步骤。

31.1 参考文本的主要来源及使用注意事项[①]

参考文本主要有以下几个来源。

31.1.1 行业主管部门颁布的通用性示范合同文本

这类文本的制定者是行业管理者（而不是交易参与方）。因此，这类文本在内容上侧重于行业管理以及对交易行为的规范和引导。

这类示范文本具备了交易所需的基本内容，但超脱于具体交易，也不代表交易某一方的立场。因此，无论是与交易的贴合度还是考虑问题的周密性，

① 可以结合本章“34.2 格式条款合同工作的注意事项”阅读。

往往都需要结合交易情况以及当事人需求进行补充、细化和调整。[①]

31.1.2 其他交易的合同文本

这类文本源于具体的交易。视起草者的水平，合同文本的质量良莠不齐，文本的可靠性和可用性差异较大。

抛开文本的质量问题，如果合同对应交易的法律关系、交易场景和交易背景等与本次交易基本相同或者相近，则在文本的结构、体例以及条款设置和逻辑上可借鉴的意义大一些。特别是有些常见交易，对于律师来说属于标准化的业务，合同的结构相对成熟、主要内容相对确定、表述相对固定，借鉴度更高。使用这类文本时，需要结合本次交易的情况和客户的需求处理。

31.1.3 当事人自用的合同模板

这类文本是当事人结合其自身情况制作的供本单位（如某企业集团）自用的合同模板，旨在加强本单位的合同管理，规范经营行为，提高合同工作效率，降低重复工作。

与行业主管部门组织编写并颁布的通用性示范合同文本相比，这类合同文本属于量身定做。虽然在制作时注意兼顾交易各方关系的平衡，但对合同制作方自身需求会考虑得更充分、更细致，甚至有的文本承载了制作方自身的合同管理和业务操作要求。因此，对于其他人来说，使用这类文本时需要特别考虑其个性化问题。

31.1.4 “翻译文本”

翻译文本是指由外文（主要是英文）翻译为中文的合同文本。这类文本也是法律人员（特别是律师）撰写合同时一个比较重要的参考来源，甚至有时这类文本还因为“专业”而受到推崇。

翻译文本中不乏可以借鉴之处，如考虑问题的周密性、表述的严谨性。但是，翻译文本源于不同国家和地区，在特定的法律、经济、文化、语言等

① 参见《政府和社会资本合作项目特许经营协议（编制）范本（2024 年试行版）》，载 https://www.ndrc.gov.cn/fggz/gdzctz/tzfg/202405/t20240522_1386427.html。

因素的共同作用下，其法律概念、行文风格、表述方式、遣词造句等可能明显异于中国国内的合同，水土不服的现象也比较突出。选用时需要特别考虑其本土化问题，不能在没有充分理解其结构及内在逻辑的情况下照抄照搬。

参考文本等既有文本究竟能够起到什么样的作用，需要视文本的情况而定。而选取什么样的文本作为参考，如何使用参考文本，借鉴其中的什么，在多大程度上借鉴使用，也不能一概而论。有的既有文本结构清晰，起草合同时可以借鉴其体例，或者基于既有文本的框架，结合本次交易情况增加、扩充个性化条款和内容；有的既有文本考虑问题周密、细致，表述清晰、准确，在起草合同时可以参考其条款设置，借鉴或采用其表述。

31.2 选择参考文本要注意其适用性

为了避免各式各样的“货不对版”，选择参考文本需要结合以下因素考虑：

31.2.1 参考文本与本次交易的法律性质或者法律关系相同或者近似

例如，买卖交易应当选用买卖合同文本而不是许可合同作为参考。

这一点说起来好像清晰而简单，但现实情况往往混沌而复杂。对交易关系的法律判断，体现在合同文本选择上，就是能够看透既有文本对应的交易与眼前交易之间的相同与不同。①

31.2.2 参考文本与本次交易模式、业务场景相同或近似

有些交易，从法律关系看是相同的，但从商业交易看分属不同的交易类型，体现在合同上完全不同。例如，从法律关系看，股权转让对应的是买卖关系，但是股权转让协议就不能以设备买卖合同作为参考文本。

即使法律关系相同，甚至属于同一类型的交易，如果交易模式、业务场

---

① 可以结合本书第3章之“7　合同的名称”以及“11　标的条款”阅读。

景不同，合同内容也会有很大差异。例如，同样是广告发布，传统的平面媒体广告发布与网络广告在业务场景、交易模式上差异就很大，平面媒体广告发布合同文本就未必适合网络广告发布事项。

31.2.3 参考文本的背景及与本次交易的匹配度

从合同各方主体看，需要考虑参考文本起草者的角色、交易地位与客户在本次交易中的角色、交易地位是否匹配。

例如，委托技术开发的委托方如果选用受托方（研究开发人）起草的委托技术开发合同为参考文本，会发现，对于开发成果申请专利的权利，合同里未必作约定。这种情况可能并不是合同起草方的疏忽，而与其角色有关。因为按照法律规定，在没有特别约定的情况下申请专利的权利属于研究开发人。[①] 对于委托方来说，就需要考虑文本的适用性。

从交易本身看，需要考虑参考文本针对的交易复杂程度、交易所处的阶段与本次交易是否匹配。例如，大型交易往往复杂，在内容上面面俱到，从直观上看文本的篇幅长；而简单交易，或者处于意向性阶段的合同文本，往往简洁，从直观上看文本的篇幅短。选择参考文本时也应当有所考虑。

从文本类型和制作背景看，需要结合合同文本制作的目的、用途等。例如，格式条款合同与非格式条款合同，由于法律规制的不同，在选用合同文本时需要特别考虑。

31.2.4 参考文本的制作和适用的法律背景

合同文本的法律适用背景也是选择参考文本时需要注意的事项。对于那些在不同法律适用背景下的合同文本，需要结合中国法律的概念和表达考虑其适用性。

示 例

某肖像权使用的合同文本选择。

---

① 参见《民法典》第859条第1款。

【背景】 为充分发挥影视明星效应，吸引年轻粉丝群体成为持续活跃用户，A公司拟与某香港地区影视明星合作推出明星联名卡（命名为H卡）。因为在联名卡上拟使用该明星的肖像权，需要签订合同等授权文件。为此，该明星所在的经纪公司（Y公司）向A公司提供了一份洋洋洒洒约两万字的“肖像权授权协议”。从协议内容看，协议约定了H作为代言人为客户提供包括平面广告、广播、互联网媒介（包括互联网新闻、视频网站、微博、微信公众号及朋友圈、网页推送等）以及商业营销等在内的代言。

【分析】 站在H和Y公司的角度，这份协议考虑详尽、周密，但是如果基于在联名卡上使用该明星的肖像权的授权文件，则适用性差。

首先，其中大量的篇幅是关于代言事项以及明星在其中的权利，但这些代言事项在本次交易中并不涉及。其次，这份协议虽然适用中华人民共和国法律，但由于准备协议的是Y公司的香港地区律师，因此，协议中约定的场景、使用的措辞在中国内地法律下没有对应的概念，很难为A公司理解和接受。最后，也是非常重要的一点，这份协议的主体为Y公司和A公司，但没有预留肖像权人H的意思表示。这样一份文本不是一个适合的参考文本。

31.3 使用参考文本需要再创作

即使考虑各项因素后找到匹配的参考文本，也不能生搬硬套，更不能通过关键词替代、填空的方式使用，而是需要结合本次交易的特性以及客户的需求处理。每一份合同都有特定化的交易背景，承载不同交易方博弈的结果，从这个角度说，每一份合同都需要量身定做。

示 例

合伙协议的内容“都差不多”，不外乎约定合伙企业的名称和主要经营场所的地点，合伙目的和合伙经营范围，合伙人的姓名或者名称、住所，合伙人的出资方式、数额和缴付期限，利润分配、亏损分担方式，合伙事务的执行，入伙与退伙，争议解决办法，合伙企业的解散与清算，以及违约责任等事项。但是这些事项的具体安排，在不同项目下会有差别。

对于基金类有限合伙协议来说，其中普通合伙人（GP）的关注点是有限合伙人（LP）的出资是否及时、足额以及违约措施，对GP的管理权的保护和权威（入伙退伙、分配、日常管理），对GP的合伙人地位的保护，对于投委会的影响和控制以及权力分配，对自身的风险控制及免责，以及管理费的保障等；LP的关注点则是GP的经历和能力，对GP的制衡（投委会、合伙人大会等），信息披露、监督及财务的风险控制，以及财产份额的变现方式及时间。

而对于持股平台类有限合伙协议来说，关注点主要是合伙人地位与任职岗位的挂钩（退休、离职），自然人合伙人继承、离婚问题，GP的选择和相关风险，认定合伙企业的控制权问题，持股平台的登记和托管，持股平台合伙人份额调整，以及争议与纠纷。

参考文本在合同起草工作中更多的意义在于，参考、借鉴其中的逻辑、要点或者要素以及表述，对合同起草起到提示、拓展思路、查漏补缺的作用。使用时不能照猫画虎，也不能为了追求形式“规范”“专业”将自己一知半解的内容抄录，甚至在既有文本上以填空、关键词替换的方式处理。对于既有文本，应当在参透其内在规律及原理，在理解其结构、内在关系的基础上，有的放矢地使用。

总之，起草合同不是简单地套用其他交易的合同文本，更不是在合同模板上填空，而是需要创作或者再创造。

32 “从0到1”起草合同

找不到适合的参考文本的情况也并不鲜见，这时就需要从无到有地重新起草。这种工作难度更大，但也是法律人员的一项基本功。从工作方法到工作步骤看，这是有规律可循的。

32.1 视需要列出合同条款清单

对于复杂的交易，起草合同前可以先列出合同的主要条款清单。

一方面，便于法律人员在向客户了解事实时聚焦问题，有助于促使客户系统化地考虑合同的“商业芯”。另一方面，由于清单所列的主要条款是法律人员提炼归纳出来的合同要点，准备合同条款清单的过程也有助于法律人员在自己的逻辑（法律逻辑）与客户的逻辑（交易逻辑）之间找到连接点，实现交易逻辑到法律逻辑的转换。更重要的是，一份合同主要条款清单，有助于在起草合同前将交易要点确定、固化，避免在起草合同过程中甚至起草完毕才发现“法律壳”与“商业芯”脱节。

示 例

一份转售协议起草前的条款清单准备。

【背景】客户（卖方）需要律师准备一份转售协议模板，用于与某些转售方开展转售业务使用。但客户对转售商业安排的考虑非常粗糙。从对转售方的设定条件，到转售交易的安排等商业事项，客户都没有细想。在这种情况下，客户要律师凭经验起草一份转售协议，对于转售中的商业安排客户要求先按照律师了解的“通常”做法和商业惯例来写，对于律师认为本项目中特定化的事项和需要进一步了解的情况，客户也希望律师提列出来。可见，对于这项交易，客户并没有清晰的思路，甚至不知道从何入手。

【处理】下面是律师准备的合同主要条款及问题清单。其中有为了确定交易事实而需要了解的交易情况以及对客户的提示（见表3）。

表3　合同主要条款及问题清单

事项	主要内容及关注事项
1. 协议签署方	■ A公司（卖方） ■ B公司（转售方）（仅限于B公司，还是包括B公司下属企业或关联公司作为协议签署方）
2. 业务	■ 转售内容（纳入转售范围的是卖方的哪些业务/产品/服务?） ■ 转售方经营方式（对转售方经营渠道有无要求?） ■ 地域范围（业务落地时是否存在地域差异化?） ■ 业务/产品/服务的区隔（是否需要转售方在自有业务/产品/服务，与卖方业务/产品/服务之间建立区隔?）
3. 定价、结算、支付、发票	■ 本协议双方之间 ◇ 业务或产品定价（对转售方是否有具体业绩考核要求？产品定价是否与转售方业绩考核挂钩?） ◇ 结算与发票 ◇ 坏账 ◇ 迟延付款的罚息 ■ 转售方与用户之间 ◇ 产品价格、计费 ◇ 发票
4. 保障机制及措施	■ 保障机制针对的事项（针对转售方业绩考核要求/违约/退出转售/其他） ■ 方式（保证金/银行保函/担保/其他） ■ 额度：固定额度/浮动额度（确定标准是业绩/其他标准?） ■ 期限

续表

事项	主要内容及关注事项
5. 报告和审计权	■ 转售方向卖方报告其每月/季度/年度业绩、业务开展、未来预测等信息的安排 ■ 卖方对转售方的审计权 ◇ 审计权适用的情形 ◇ 审计机构的选定 ◇ 审计的范围 ◇ 审计结果的处理（符合/不符合启动保障机制或补差） ◇ 审计费用的承担
6. 卖方的权利和义务	■ 权利 ◇ 依据本协议收取价款 ◇ 获取用户信息 ◇ 业绩考核（考核标准见附件） ◇ 用户承接 ◇ 审计权 ◇ 其他（待定） ■ 义务 ◇ 提供本协议项下的产品或服务 ◇ 服务质量保障 ◇ 其他（待定）
7. 转售方的权利和义务	■ 权利 ■ 义务 ◇ 依据本协议支付价款 ◇ 业绩考核 ◇ 人员保障 ◇ 设备设施、技术保障 ◇ 营业场所保障 ◇ 作为业务提供方向用户负责 ◇ 服务质量保障 ◇ 其他（待定）
8. 用户	■ 用户保障 ◇ 转售方直接对用户负责 ◇ 服务质量保障 ◇ 用户个人信息安全保障 ■ 定价保障 ■ 用户承接承诺条款 ■ 其他（待定）

事项	主要内容及关注事项
9. 品牌/知识产权	■ 品牌策略（单一品牌/联合品牌） ■ 品牌使用 ◇ 使用范围 ◇ 使用形式 ◇ 品牌管理方案 ◇ 权利归属（本协议有效期内/终止后） ◇ 其他（待定） ■ 商号、商标、服务标识或其他知识产权 ◇ 本协议签订前卖方与转售方各自拥有的商号、商标、服务标识或其他知识产权的归属 ◇ 本协议有效期内，卖方与转售方合作取得的商号、商标、服务标识或其他知识产权的归属 ◇ 本协议终止后，就合作期间取得的商号、商标、服务标识或其他知识产权的归属
10. 违约责任	■ 违约事件 ◇ 转售方的违约情形 ➢ 先决条件未成就 ➢ 违反本协议项下的义务 ➢ 违反本协议项下的陈述和保证 ➢ 违反本协议项下的控制权变更条款 ➢ 其他（待定） ◇ 卖方的违约情形 ■ 违约责任 ■ 卖方对转售方赔偿上限的约定
11. 赔偿和保险	■ 转售方应保障卖方免受以下情况，避免任何损失： ◇ 转售方违反本协议义务、陈述和保证 ◇ 转售方或其高管、雇员或代理商（如有）在履行本协议义务，提供服务中的故意、过失或任何作为或不作为 ◇ 转售方违反法律和相关政策 ◇ 转售方被指控侵犯知识产权的行为 ◇ 第三方索赔或垫付费用的情形（例如卖方因转售方的作为或不作为向用户、有权机关或任何第三方支付的费用或赔偿） ■ 保险（转售方是否需要购买特定保险?） ■ 其他（待定）

续表

事项	主要内容及关注事项
12. 非排他合作和不竞争	■ 卖方与转售方之间的合作关系互不排他 ■ 转售方对卖方、对其他转售方不得有不当竞争的行为
13. 保密	■ 保密信息的范围 ◇ 本协议内容 ◇ 卖方与转售方之间互相披露的信息 ◇ 用户信息 ◇ 其他（待定） ■ 披露豁免的情形 ■ 不当披露的损害赔偿 ■ 其他（待定）
14. 不可抗力及免责	■ 不可抗力及免责事件的定义、范围 ■ 通知义务 ■ 法律后果
15. 终止	■ 卖方与转售方协商一致终止本协议 ■ 卖方终止本协议的情形 ■ 转售方终止本协议的情形 ■ 终止后的工作安排 ◇ 用户承接 ◇ 预付费返还 ◇ 用户资料、信息交接 ◇ 其他（待定） ■ 本协议终止后存续的条款
16. 其他事项/协议一般条款	■ 定义与释义（待定） ■ 本协议文件的构成（包括协议及附件效力排序） ■ 新闻发布与公告：任何一方就本协议的事项进行新闻发布与公告之前应当协商（公告的时间和方式） ■ 修订和补充：对协议的修订、补充应经双方协商一致 ■ 转让：未经卖方事前书面同意，转售方不得转让本协议项下的权利和义务 ■ 无合伙或代理关系 ■ 费用：各方为准备和谈判本协议的费用，由各自承担

【**分析**】在这个示例中，律师围绕起草转售合同需要了解的交易事项，基于合同表达的逻辑列出需要客户说明、澄清、确认以及进一步考虑的交易问题。其中有律师需要了解的事实，也有提示客户系统化、深层次考虑交易事项。这样的一份清单为后续起草合同提供了有效的帮助。

32.2 确定合同文本的整体思路和框架结构

32.2.1 确定文本的整体思路

合同的整体思路，就是文本大的脉络。对合同的整体思路有了判断，就知道其中应当有哪些主要内容。

例如，投资协议主要是关于投资人之间以及与被投资企业之间的权利、义务关系的安排。其所投资的公司的章程，虽然也是投资人之间签署的文件，但是该章程更倾向于投资人之间对于公司内部治理等内部运营关系的安排。基于这样的定位，可以相对容易把握投资协议应当具有什么样的核心条款，章程应当侧重什么事项。

32.2.2 确定文本的框架结构

在确定整体思路后，需要考虑如何搭建合同的文本体例架构。主要体现为以什么为主线起草合同，即合同的叙述逻辑。

虽然以条款列举，甚至堆砌条款的方式也可以完成合同的起草，但按照一定的逻辑对合同内容进行分类，便于阅读、理解和履行合同。对于起草者来说，也容易排查、发现合同的结构性缺陷，让问题一目了然地暴露出来。对于内容复杂、篇幅较长、头绪较多的合同，搭建基本结构，按照一定逻辑叙述，更是必要。

叙述合同，可以按照合同履行的时间顺序和工作事项两条主线进行。前者是按照合同履行的顺序或者因果关系；后者则区分不同事项、不同板块来描述。当然，两条主线并不绝对，在很多情况下，他们交织组成合同的结构体系。

示例1

以履行的顺序或者因果关系为主线的合同。

增资协议书

第2条　增资的基本程序

2.1　为保证本次增资符合有关法律、法规和政策的规定，以及本次增资顺利进行，本次增资按照如下顺序进行：

（1）公司执行董事作出增资的决定以及提出增资基本方案。

（2）公司原股东对增资基本方案进行审议并形成决定。

（3）公司委托会计师事务所、资产评估事务所对公司截至基准日的资产进行审计和评估。

（4）公司就增资及增资基本方案向集团公司报批，并获得批准。

（5）公司发出增资的正式公告，意向投资方向产权交易所递交增资竞投文件。

（6）公司和原股东同拟增资的意向和投资方进行谈判，按照公告确定的办法确定本次增资的投资方。

（7）起草增资扩股协议及相关法律文件，签署前述协议及有关法律文件。

（8）投资方缴付认购价款。

（9）公司就本次增资以及主要股东（持股［·］%以上的投资方的股东）资格报监管部门，并获得批准。

（10）公司召开增资后股东会，选举公司董事会、监事会成员，并修改公司章程。

（11）公司召开董事会、监事会，选举公司董事长、监事会主席，确定公司新的经营班子。

（12）公司同时办理原股东增资事项及本次增资涉及的工商变更登记及备案等手续。

示例2

按照不同事项、不同板块描述的合同。

招标代理协议

第1条　项目概况

第2条　招标方式和范围

第3条　受托人代理业务范围

第4条　委托人的权利和义务

第5条　受托人的权利和义务

第6条　代理费用

第7条　保密

第8条　协议变更与解除

第9条　违约责任

第10条　争议解决

32.3　填充内容

合同的内容，也就是合同的条款。《民法典》列举了合同的一般条款，[①]这些是合同的基本条款，可以根据合同的侧重点、详略，围绕基本条款层层延展。[②]

对于内容较多的合同，可以用标题标示出不同部位的功能、内容，以使合同内容归类清晰、有序。

示 例

一份包含若干法律关系的合同的起草。

① 参见《民法典》第470条第1款。

② 可以结合本书第3章“作为法律文件的合同”阅读。

【背景】这项交易标的除设备外，还有设备所需的软件的许可和技术服务，涉及的法律关系有买卖、软件许可、技术服务三项。在拟订合同时，需要按照一定的逻辑，分清主次关系，将三个法律关系理顺。确定主线，再层层展开。

【处理】撰写合同文本时，根据交易的主要标的（货物）确定以买卖合同为基础，并叠加软件许可和技术服务的相关内容。在次一级表述逻辑上，划分为货物交付、初验、终验这样的合同履行阶段。在确定逻辑层次后，再填充内容。

设备及相关服务采购合同

第1条　定义（略）

第2条　合同标的

2.1　买方同意向卖方购买、卖方同意向买方出售用于买方［·］项目的设备和服务。由卖方提供的合同设备、技术规范和保修条件以及服务的内容详见合同附件。卖方或卖方保证软件权利人在本合同中授予买方或买方指定的第三方软件许可使用权（软件许可使用文件见附件［·］），以保证买方或买方指定的第三方能够在中国境内正常地运行合同设备。卖方保证合同设备及软件不存在任何质量瑕疵和权利瑕疵。

2.2　卖方按照合同及附件［·］的约定，向买方提供详尽、可操作的技术文件。

2.3　卖方按照合同及附件［··］的约定，向买方提供技术服务和技术培训。

2.4　卖方负责派遣健康、有经验、有能力的专家提供与合同设备有关的安装、调通和测试、试运行、保修及维护等服务，相关规定详见附件［·］。

2.5　卖方保证按照合同及附件［·］、附件［··］约定，在保修期内免费修理或更换出现故障的合同设备或部件，并提供其他保修服务。在保修期内，如果合同软件升级，卖方将使买方或买方指定的第三方免费获得升级软件的许可使用权。

2.6　双方同意，卖方为本合同的供货方及服务提供方，未经买方书面同意，卖方不得将合同分包或转包给第三方。

第3条　价格

3.1　卖方向买方提供的合同设备和服务的总价格（以下简称合同总价）（含税价）：人民币大写[　]元，小写[　]元，其中价款为人民币大写[　]元，小写[　]元，增值税款为人民币大写[　]元，小写[　]元。

3.2　上述合同总价为固定价格并不可更改。

3.3　上述合同总价包括：

（1）卖方应当提供的本合同范围内完整的合同设备的费用。

（2）软件许可使用费。

（3）卖方提供工程服务的费用，保修期内维修、升级和技术服务费用及本合同涉及的其他各项服务费用。

（4）卖方按照合同及附件规定为连接本合同设备及系统与其他厂商供应的设备及系统提供技术支持的全部费用。

（5）使合同设备和技术文件适于多种方式运输及多次装卸操作的包装费用。

（6）卖方负责运送合同设备到买方指定地点前的所有费用。

（7）卖方将合同设备销售给买方而应当缴纳的所有税费。

（8）由卖方根据本合同向买方提供技术培训的费用。

（9）买方就卖方履行本合同所应支付的其他全部费用。

除另有约定外，买方无须就本合同项下事项向卖方支付上述费用之外的任何其他费用及税费。

第4条　支付（略）

第5条　发货（略）

第6条　包装（略）

第7条　设备检验和索赔（略）

第 8 条　安装、调试、试运行和验收（略）

第 9 条　保修

第 10 条　软件使用权及侵权处理

10.1　卖方或卖方保证根据附件［·］使买方或买方指定的第三方获得软件许可使用权，并保证此等许可长期合法有效。设备软件的著作权仍归软件著作权人所有。该软件使用权可以由买方在转让合同设备时一并转移，如合同设备转让至中国境外，买方应通知卖方。

10.2　如果有人提出法律或行政程序（以下合称侵权指控），声称买方或买方指定的第三方使用合同设备侵犯其合法权益（包括但不限于知识产权），买方应及时通知卖方，并给予卖方必要的支持。卖方应当负责解决，并赔偿买方或买方指定的第三方就此所承担的一切损失和费用，包括但不限于上述侵权指控中所产生的诉讼费用、调查费用、合理的律师费用、和解金额或生效法律文书中规定的赔偿金额。

10.3　如果在侵权指控的审理过程中有关机关禁止买方或买方指定的第三方继续使用合同设备的部分或全部，卖方应采取以下措施之一：

（1）使买方或买方指定的第三方重新免费获得使用上述合同设备的权利。

（2）免费更换或改造上述合同设备，使买方或买方指定的第三方不受上述禁令限制继续使用合同设备。

（3）其他使买方或买方指定的第三方对设备拥有合法使用权，或其他弥补买方或买方指定的第三方受损利益、实现合同目的的合理方式。

卖方采取上述措施不能免除卖方就买方或买方指定的第三方因此遭受的损失进行赔偿的义务。

第 11 条　赔偿和违约责任（略）

第 12 条　不可抗力（略）

第 13 条　法律适用和争议解决（略）

第 14 条　保密（略）

第 15 条　合同生效及其他（略）

本合同附件为：（略）

32.4　润色和细节以及最后审定

对于起草的合同，需要再次审视核验。主要从以下六个方面核验：

一是合同是否准确反映客户的商业诉求，对于存疑问题是否都澄清了。

二是对合同或者交易涉及的法律问题是否研究和落实了。

三是是否将交易中的法律风险和商业风险在合同中落实、回应了，或者向客户揭示了。

四是合同章节条款有无重大遗漏，条款是否完备，内容之间是否明晰，有没有矛盾、重叠。

五是合同的表述是否准确有歧义。

六是合同版面美观度等外在形式要求。

起草工作展示

下面通过一套云市场交易文件的搭建与起草的示例说明，合同的起草工作不是“写合同”这么简单。

【背景】 A 公司（客户）为提供云计算服务的专业公司，为用户提供云主机、云存储、桌面云、专属云、混合云、内容分发网络（CDN）、云专线、云间高速等全线产品，以及为各行业打造定制化云解决方案。客户拟在业务运营的云平台上增设云市场板块，协调众多的专业云服务商，为企业用户打造“一站式”云服务。

客户向律师提出的服务需求是，起草开展云市场所需的各种协议文本。但是，对于云市场需要哪些协议等交易文件以及交易之间的关系，客户并没有清晰的概念。对于协议的内容，客户更是只有来自业务的一些零散考虑。在这种情况下，律师通过反复与客户交流，从对业务进行法律可行性分析开始，到对交易文件的架构讨论，然后才是起草和修改交易文件。

【处理】 以下是各阶段的工作及要点。

第一阶段：就客户提出业务构想和服务需求，律师进行法律可行性论证。

律师向客户了解业务模式，即在搭建的云服务增值服务的平台中，客户为平台经营方，其他增值服务和产品提供商（以下简称供应商）通过平台向用户提供云增值服务。对于该业务模式，经论证，律师认为具有法律可行性。

第二阶段：列出文本清单并分类。

基于对业务安排以及客户在云市场中的角色、权利义务的了解，律师与客户讨论，初步确定云市场所需的若干交易文本，列出交易文本清单。同时，客户向律师提供目前正在使用的相关协议（既有文件）。

律师阅读客户提供的既有文件，对清单中的文本进行分类，并采取不同的方式工作：一是需要重新起草的协议等法律文件，如云市场平台方与用户之间的《云市场用户服务协议》，云市场平台方与供应商之间的《云市场服务商合作协议》，由云平台提供的、供供应商与用户就增值产品订购签署的《云市场产品订购协议（模板）》。二是需要修改的文本，如《用户注册协议》，这类文本需要律师结合本次业务对客户的既有文件作出修订。三是需要客户准备的交易管理类文件，如《云平台的管理规范》，这类文件侧重业务管理要求，但是由于与前两类文件共同构成整个交易文件，因此也需要进行法律审核。

第三阶段：客户与律师分头工作。

对于需要律师起草的三份文件中，基于不同的业务关系、角色定位，起草工作尺度不同。其中，《云市场产品订购协议（模板）》的当事人是供应商和用户（客户不是当事人），客户作为平台方制定这份交易文本主要是示范作用，其具体内容应当由供应商自行确定。因此，律师起草了协议文本要点。

对于客户作为当事人与供应商之间的《云市场服务商合作协议》，以及与用户之间的《云市场用户服务协议》，律师从搭建协议框架到撰写内容，其间与客户不同专业岗位的人员反复交流，由于涉及云业务方面的术语和定义，更是需要与客户沟通。其中，对于具有格式条款合同性质的《云市场用户服务协议》，则注意遵循公平原则，从权利义务的设定、遣词用语上特别考虑，并且对于需要提请用户注意的事项，以黑体字提示处理。

对于需要律师修改的客户既有文本《用户注册协议》。在修改时，兼顾客户作为云服务商提供服务要求用户注册，以及作为平台方要求用户注册的不同场景，作出修订。

对于由客户准备的《云平台的管理规范》这类交易管理类文件，律师的工作重点在于该规范与《云市场服务商合作协议》等文件的协调性。

在这个阶段的工作中，律师与客户反复书面交流，电话沟通更是经常进行。其中不乏就客户没有考虑的事项进行提示、提问，就事实与客户澄清。律师在工作中，一方面，根据与客户沟通的情况，对每份协议和文件应当包含的内容和需要关注的要点进行了充分考虑和提示；另一方面，还关注协议体系的整体架构，协调处理各文件之间的关系，力图兼顾云市场系列协议的广泛性和适用性。

第四阶段：定稿。

经过三个月的密集工作，对文本先后经过五轮讨论、修改，最终定稿。

【分析】云市场协议及配套文件是客户与律师充分沟通、合作的成果。律师在了解业务需求的基础上提供专业法律支撑，丰富和充实了文本体例架构，夯实和严谨了文本内容，协助客户将需求落到实处，使客户感受到法律工作不是在设置交易障碍，而是为客户业务提供有效帮助。

33 审查、修改合同

审查、修改合同是一项常见的合同工作，有时修改是合同审查工作的延伸。在了解事实和法律判断方面，审查、修改合同与起草合同要做的事情及注意事项是相同或者类似的，因此，这里主要讨论合同审查、修改工作特有的注意事项。

33.1 对合同的审查修改不仅限于法律条款

面对一份合同，法律人员经常遇到的问题和感到困惑的是，“应该改什么、不应该改什么”。对此，有的人一言以蔽之为“法律人员审查修改应当只针对合同的法律条款，而不用看商务条款”。

但问题接踵而至：合同中哪些条款是法律条款，哪些是商务条款？

通常提到法律条款，是指与法律强制性规范以及与法律事项直接有关的条款或内容。前者例如，合同主体是否合法、适格，约定是否合法；后者例如，合同的法律适用、争议管辖约定。而商务条款，则是与经济利益密切相关，并可以由当事人自行权衡或者自行定夺的事项，如交易标的、价格、付款条件等条款或内容。

但合同中许多条款的界限不那么泾渭分明。而且，即便是商务条款，一旦出了问题，同样会带来法律风险，并可能转化为纠纷。例如，本书第3章关于“约定标的的其他注意事项”中提及的“蒜苗”与“青蒜”“蒜薹”的纠纷,[1] 就是与“法律条款”无关的事项引发的。

除了条款的界限泾渭难分外，从现实情况看，法律人员对合同的审查修改就是某种意义上的背书——无论合同中的哪个条款（例如，无论是权利义务条款，还是付款条款或者交付条款）后续出了问题，也不论是什么样的问题（例如，无论是业务安排不清晰，还是合同对方履行能力问题，或者是错别字），首先想到的责任主体就是曾经审查修改过合同的法律人员。因为合同是法律文件，法律人员责无旁贷。

凡此种种，使人在隐约意识到合同的法律工作不应当是合同各条款的“兜底负责工作”的同时，对于工作边界和尺度，又似乎让人不得要领。

对合同的法律审查修改不能仅限于法律条款，可以说，对于产生法律后果的条款，都在法律审查工作的范围内（甚至包括错别字、错误编号、条款的重复等貌似只是语言表述的问题），**如果这些条款有潜在的法律风险，都应当修改或者至少揭示出来**。从这个意义上说，法律审查修改工作的确及于整个合同。当然，对于合同中不同条款，在处理方式、尺度把握上应当有所区别。

33.2　对商务条款和法律条款应当有所区别

虽然说，商务条款和法律条款的界限并不那么清晰和绝对，但是将合同条款分为商务条款和法律条款，对于实务操作还是有意义的。其意义体现在，对于不同侧重的条款，在合同审查修改的工作尺度、处理方式上都有所区别。

33.2.1　对商务条款的审查、修改

商务条款涉及交易事实或者商业决定，其中的问题可以大致分为以下三类：

一是交易安排的合法性问题。对于商务条款中触及法律底线的事项，法

① 参见本书第 3 章之“11　标的条款”关于“11.2　准确约定合同标的”的相关案例。

律人员应当修改，或者提示客户调整，必要时另行出具意见；对于法律框架内的事项，法律人员或提示关注或揭示风险，由客户自行决定。

示 例

【背景】 为进一步开拓业务，Y 公司（云服务提供商）拟对现有的渠道代理模式进行调整、拓宽，以更丰富的形式与各渠道合作商合作。Y 公司经过前期市场论证，草拟了一份与各渠道合作商签订的《云业务渠道合作框架协议（模板）》，交由律师审查。律师注意到，在《云业务渠道合作框架协议（模板）》中，Y 公司与渠道合作商之间的合作模式，既有代理，又有转售安排。但是如果以转售方式合作，渠道合作商应当取得相应电信业务资质。

对此，客户认为，从其他企业的操作看，类似的合作“渠道商都在做，并不一定都持有电信业务资质，Y 公司不过是参考了同业的做法，不涉及法律越界”。

【处理】 由于 Y 公司对于律师审查合同中提及的交易合法性问题不以为然，律师没有简单地修改 Y 公司提供的协议，而是出具备忘加以分析和提示。以下是备忘摘要。

一、工作背景（略）

二、《云业务渠道合作框架协议（模板）》约定的云产品销售方式涉及转售

（一）转售与代理销售的区别

在渠道合作中有代理、经销等不同的渠道。商务操作中，对于不同的渠道下的经营者有“代理商”“经销商”“转售商”等不同的说法，或者统称为“渠道合作商”，这些称谓源于商业操作和交易习惯，但是不同的渠道模式对应的法律关系、法律规则和要求有所不同。以下简要说明：

1. 关于代理（略）

2. 关于转售（略）

3. 关于转售和代理的区别

两者的区别主要在于面向用户的业务经营主体不同、向用户承担法律责任的主体不同。转售模式下，转售商［《云业务渠道合作框架协议（模板）》的渠道合作商］是面向用户的业务经营主体，以自己的名义开展业务（如云业务），向用户承担业务经营责任；代理模式下，被代理人（Y公司）是经营主体、责任主体。

（二）《云业务渠道合作框架协议（模板）》约定的云产品销售方式涉及转售

按照《云业务渠道合作框架协议（模板）》的安排，渠道合作商与Y公司"在云计算领域的产品、服务、销售等方面开展具体合作"，由渠道合作商"面向直接客户推广Y公司的云产品及服务"。根据《云业务渠道合作框架协议（模板）》第［·］条，合作具体分为"线上进行产品订购"（以下简称线上订购）和"线下进行产品订购"（以下简称线下订购）两种模式，其中：

1. 线上订购模式下

（1）产品订购行为主体：用户通过其在Y公司官网的自有账号或渠道合作商的代理商账号订购云资源。

（2）合同签订主体：《云业务渠道合作框架协议（模板）》未明确说明在此种情形下Y公司是直接与用户签订有关云资源的服务/销售/采购等云业务合同，还是与代理商签订合同。

（3）费用支付主体：用户直接向Y公司支付云产品费用，或委托渠道合作商向Y公司支付云产品费用；Y公司向渠道合作商返佣。

（4）发票开具主体：渠道合作商通过代理商账号向Y公司付款情形下，Y公司向渠道合作商开具发票（未说明是就返佣、还是云产品费用开具发票）；《云业务渠道合作框架协议（模板）》未明确说明在用户直接向Y公司支付云产品费用的情形下，由谁向用户开具云产品费用对应的发票。

2. 线下订购模式下

（1）产品订购行为主体、合同签订主体：由渠道合作商（而非用户）与Y公司签订云资源采购协议。

（2）费用支付主体：渠道合作商向Y公司支付云资源费用，Y公司无须向其返佣；《云业务渠道合作框架协议（模板）》未说明用户的云产品费用是向Y公司，还是渠道合作商支付。

（3）发票开具主体：Y公司向渠道合作商开具发票。

对于上述线上订购模式，从用户可以自行订购云产品、直接向Y公司支付云产品费用或者用户可以委托渠道合作商订购、付款的安排看，该协议符合代理销售的部分操作特点。但是《云业务渠道合作框架协议（模板）》未明确云业务合同是在哪些主体之间签订、由谁向最终用户开具云业务发票，因此，在线上订购模式下，如果是由渠道合作商以自己的名义与用户签订云业务合同、向用户开具云业务发票，则构成转售。

对于上述线下订购模式，从Y公司与渠道合作商之间合同签订、费用支付、发票开具等安排中可以看出，Y公司与渠道合作商之间并非代理关系，而是转售。

综上，从《云业务渠道合作框架协议（模板）》现有内容看，云产品销售模式涉及转售。并且从Y公司往来邮件看，Y公司业务人员也按照"云业务转售"来理解、定位《云业务渠道合作框架协议（模板）》项下部分业务。

三、云业务转售模式下，渠道合作商作为云业务经营者，应当取得相应电信业务资质

如前述分析，云业务转售模式下，渠道合作商作为云业务经营者，应当承担经营者的义务和责任，包括但不限于取得开展云业务所必需的业务资质等。实践中，不同云产品基于其业务、技术特性，需要取得的电信业务资质也可能不同，包括但不限于互联网数据中心（IDC）、互联网接入服务（ISP）、内容分发网络（CDN）、互联网信息服务（ICP）等。

如果Y公司拟按照《云业务渠道合作框架协议（模板）》开展云业务转

售，建议结合渠道合作商转售的云产品的具体类型，审查其应当取得的电信业务资质，并关注被许可的业务范围、地域范围是否能够满足具体云产品的要求，以保证Y公司和渠道合作商在合法合规的框架内开展业务。

如果渠道合作商未取得相关电信业务资质即开展转售业务（包括但不限于直接与用户签订合同、收取费用、开具发票等），存在无证经营、超地域范围经营、超业务范围经营、“层层转租”等违法行为，则存在被监管机关关注或处罚的风险。

二是交易安排方面的问题。这类问题在合同中比较突出，原因也较复杂。审查修改合同时需要区分情况处理。

交易安排方面的问题有的是交易路径与交易目标不匹配或者缺乏法律可行性。[①] 对此，修改时需要与客户交流，甚至调整交易方案。而有的交易安排问题出现在周密性上。例如，对于合同终止，当事人能想到的可能就是“一方违约，另一方有权解除合同”。但是，有哪些终止情形，不同情形下合同终止的后果是什么，有哪些善后事宜，等等，这些虽然是商业事项，但是当事人可能会考虑不到。

对于法律人员来说，周密性是胜任工作的一项重要指标，但是，交易安排是否周密，本身还是交易问题，属于事实部分，而不仅仅是法律判断。因此，对于合同中反映出的不周密的安排，法律人员甄别出来后，首先是向客户说明和提示问题所在、其法律后果，交由客户确认、定夺，其间可以启发、引导客户思考，提出建议，但不宜直接修改。

三是表述方面的问题。这类问题在客户起草的合同中大量存在。

例如，约定不清晰、表述前后矛盾或者概念不统一而明显存在理解歧义。这类问题往往是因为客户表达不严谨、不规范而造成的。对此，修改时应当与客户澄清、确认，而不能按照法律人员自己的理解“规范表述”或者“统

---

① 可以结合本书第2章之“5　了解合同对应的交易”关于“5.1.4　客户的商业目标是什么”及“5.1.5　实现商业目标的路径或者方式是什么”部分阅读。

一含义”，即使对于基于合同上下文可以确定的事实而作出的修改，法律人员也需要提示客户再行确认。因为这些是事实，应当由客户（而不是法律人员）判断。

示 例

《A 公司与 B 公司网卡线上订单线下物流激活合作协议》关于合作事项的约定。

【背景】就 A 公司在网络渠道销售的某互联网卡，A 公司（合同甲方）委托 B 公司（合同乙方）进行实体卡的物流配送及协助用户现场激活。就该事项的工作范围，合同第 1.1 条约定：双方一致同意，甲方委托乙方通过乙方物流及线下渠道，为甲方指定网卡线上预约订单提供线下物流配送、外呼、激活等服务。在接下来的条款中，对互联网卡配送服务和激活服务作出约定，但是对外呼服务只字未提。

【处理】律师审查时注意到这一点，并且基于对客户业务的了解判断，外呼服务只是配送服务前与用户先行联系的一个动作。但是，由于涉及业务安排，律师在修改的文本中提示客户澄清：外呼服务是否就是配送或者激活服务中的一个步骤或环节？如是，无须单独列。如果外呼是与配送、激活并列的一项服务，请明确外呼服务的内容、要求等事项。

33.2.2 对法律条款的审查、修改

与商务条款相比，对合同法律条款进行审查、修改，对于法律人员来说更是责无旁贷。但是，法律条款的改动有时会不可避免地涉及触动商务方面的安排，因此，对于合同法律条款，法律人员也不能自顾自地大刀阔斧地修改，而应当考虑这些条款对合同，乃至交易的影响，在维护客户利益与促成客户交易之间寻求一种平衡。

例如，合同中的争议解决条款一般被视为典型的法律条款。在审查修改时，对于是采取诉讼方式还是仲裁方式解决争议，以及对管辖权或者仲裁机

构的约定，法律人员可能会争论得面红耳赤。从法律视角下看，这种争论有其道理，能够为各自的客户争取到更大的利益。但是，从客户的角度，或者将这个问题放在整个交易下看，这种利益可能需要客户用合同其他条款或者条件去换取，甚至会影响整个交易。法律人员在处理法律条款时需要有大局观。

当然，有的法律事项的约定对合同后续纠纷处理确实有现实影响，甚至如果没有处理妥当，可能会产生法律风险。①

33.3 合同审查、修改工作中的风险处理

对于法律人员来说，对交易进行风险提示和控制，是工作职责所在。对于客户来说，需要在商业机会和法律风险之间抉择和平衡。在合同的审查修改工作中，如何判断、处理、揭示各种风险，是一个既检验法律功底又考验专业技能的事情。

33.3.1 区分法律风险和商业风险处理

除了直接修改外，合同修改工作中法律人员常做的一项工作是提示风险。对于法律人员提示的这些风险，有的客户不以为然、视而不见，有的客户虽然认为是吹毛求疵，但是囿于管理流程的要求又无法置之不理，于是反复与法律人员沟通、解释，目的在于说服法律人员这些风险不存在，而给出无保留的清洁意见。

在本书第2章关于法律人员具有商业思维的讨论中，② 我们提到，法律人员在了解商务人员的想法后，要正确识别、判断交易中的各种问题和风险的性质，有的放矢地处理。

在合同审查修改工作的具体操作上，对于触及法律底线或者超出法律边界的约定，法律人员在提出修改意见的同时，揭示其法律后果，对于其中比

① 可以结合本书第3章之“24　争议解决条款”阅读。

② 可以结合本书第2章之“4　懂得商务”中关于“4.1　具有商业思维”部分阅读。

较重要的事项，可能通过另行出具法律备忘或者风险提示说明等方式言明利害。对于不触及法律底线，以及那些虽然可能对客户不利，但又没有超出法律边界的约定，法律人员可以提示出来交由客户自行判断和处理。

例如，对于“乙方不履行合同义务或者履行合同义务不符合约定，给甲方造成损失的，损失赔偿额应当相当于因违约所造成的损失，包括合同履行后可以获得的利益。这是乙方承担的全部责任。除此之外，乙方不承担任何责任”这样的约定，前半句，即“乙方不履行合同义务或者履行合同义务不符合约定，给甲方造成损失的，损失赔偿额应当相当于因违约所造成的损失，包括合同履行后可以获得的利益”可以由当事人自行决定是否接受。① 但是，对于后半句，即“这是乙方承担的全部责任。除此之外，乙方不承担任何责任”这样的约定，因涉及违反强制性规定而必须修改。如果当事人坚持保留这样的约定，法律人员则应当告知其法律后果是无效的。②

示 例

对于一份大数据合作合同中的两类法律问题的处理。

【背景】 在审查某大数据合作合同时律师发现，客户（数据使用方）与数据收集方的约定中存在两个问题：一是合同中没有关于数据收集方收集个人信息必须征得本人同意的要求和约定，二是合同约定个人信息挖掘形成的数据报告的知识产权归属数据收集方。对于数据使用方来说，这两点都是风险点，但其性质不同。前者触及法律底线，后者与双方的商业地位和利益的博弈有关。

【处理】 对此，律师采取不同的处理方式。对于前者，律师在合同和操作中增加数据收集方收集、使用个人信息应当征得本人同意并说明用途等要求；对于后者，即知识产权的归属问题，律师在向客户说明不同归属的法律意义和后果后交由客户自行定夺。

---

① 参见《民法典》第584条。

② 参见《民法典》第506条。

33.3.2 提示风险的方式

如果法律人员只是告知客户有风险或者有哪些风险，客户可能并不知道为什么有风险、风险的后果是什么。客户只能看到法律人员修订的结果，而看不到思考的过程，有时可能难以充分理解法律人员用意，或者理解偏差，由此后续可能会忽视审核、修改意见。这样既不利于客户理解和判断，也不利于风险的处理，还会加重法律人员与客户的隔阂。因此，对风险的提示可以适当加以说明、展开。

此外，对于风险的提示方式，法律人员可以采取在合同对应内容中以修订、批注等方式提示，或者通过另行出具修改意见等方式。下面是一个通过列表方式作出风险提示建议的示例。

示 例

D 项目《股权认购协议》《投资者权利协议》的提示及建议要点表。

【背景】 D 公司拟引进若干家投资人，C 公司是其中之一。对于由 D 公司提供、各投资人发表意见的《股权认购协议》《投资者权利协议》，C 公司要求律师提供审核和修改意见。由于 D 公司的项目律师起草的协议中不存在为法律禁止的内容，律师在审核中发现，站在 C 公司的角度看，协议中某些内容的确不利，但是对于这些内容是否要删除、调整，主要取决于 C 公司的接受度和在项目中的话语权。为此，律师基于专业判断和执业经验，将两协议中存在的问题列举并区分关注等级，以表格的方式展示给客户，由客户定夺。

【处理】 以下是律师出具给客户的修改意见（见表 4）。

阅读说明：对于《股权认购协议》《投资者权利协议》文本中的提示及建议要点，在本条中进行了梳理，具体内容可以结合协议相关条款的修改和提示内容一并查看。

表4　律师修改建议

序号	对应协议	条款	律师提示及建议要点	建议关注等级
1	《股权认购协议》	2.2 交割	按照目前安排，本协议项下的交割能否完成，还将取决于同期投资各方的行为。基于同期投资与本次投资的相互独立性，C公司不能对同期投资施加任何影响，而只能被动承受其后果。基于此，建议C公司考虑是否能够接受该等安排。当然，如果D公司对每一个投资者都提出了该等要求，也可以保留现有约定，由此在所有投资者之间形成相互制约。	★
2	《股权认购协议》	4.3 公司股本	从此前法律尽职调查情况来看，D公司的股本已经全部实缴。此处“认缴”的说法与事实不符，建议修改为“实缴”。	★
3	《股权认购协议》	目前无约定	D公司的资本充足率不满足法定“不低于[·]%”的要求。建议要求D公司：（1）在交割日前调整规范，并将该事项作为投资者的交易先决条件（建议在本协议的第3.1条中增加）；（2）在交割日后的一定期限内调整规范，并由D公司在本协议中作出承诺（可以考虑在本协议第6条中增加）。	★★
4	《股权认购协议》	8.2（b）起赔额	按照本条约定，如果C公司因D公司遭受损失，且损失在起赔额之内，则D公司无须向C公司承担责任。虽然本条款为双边条款，但从投资并购项目来看，由于信息不对称等原因，C公司作为投资者的风险更大，可能更易遭受损失。因此，请结合商业安排考虑是否能够接受本条约定。	★★
5	《股权认购协议》	8.3 责任限制	请结合商业安排考虑能否接受。	★★

续表

序号	对应协议	条款	律师提示及建议要点	建议关注等级
6	《股权认购协议》	披露附表	披露附表是D公司对重要事项，主要是重要风险或使其免责事项的披露。由于本次未披露“披露附表”的内容，对于其中载明的事项及可能影响，我们暂且无法判断。建议C公司根据D公司后续提供的披露附表，特别关注其所载事项及可能对本次投资的影响。	★
7	《投资者权利协议》	定义（37）	按照目前协议约定，C公司不得向“直接主要竞争者”转让所持D公司的股权、不得持有“直接主要经营者”股权（通过证券交易自动报价系统购买且累计不超过股份总数2%除外）。而目前关于“直接主要竞争者”的范围界定较为宽泛，包括其他若干家资产管理公司及其控股子公司等主体，涉及该等主体的业务既有资产管理业务，也有私募基金等其他业务。因此，请结合C公司在金融板块的布局安排，考虑能否接受该约定。	★★★
8	《投资者权利协议》	4.4 转让限制的例外	本次修改中增加了本条约定，以保障C公司在未来政策变化或自身业务调整时有权直接向关联方转让所持D公司的股权。	★★★
9	《投资者权利协议》	第4条转让限制、第5条投资者承诺	目前条款中，对C公司提出了一系列要求，包括竞业限制等。该等事项属于商业安排事项，且从投资项目角度有一定的合理性，我们不逐一甄别。如果贵公司认为有问题，可与我们进一步沟通。	★★

审查工作展示

下面通过律师对客户准备的一份投资协议的修改工作展示，说明对合同的修改不是咬文嚼字，也不是只修改合同的法律条款，而是基于对交易的了解，对客户需求的把握以及对法律的判断，既要通盘考虑交易目标和实现的路径，又要站在客户的角度考虑风险控制，还要考虑交易的可实现性。由此，需要对合同的结构、约定事项乃至表述作一系列调整和修改。其间，律师需要与客户反复沟通，也不乏客户与交易对方调整交易安排。

【背景】 L公司系成立于2018年［·］月［·］日的有限责任公司，其股东分别是A公司（持股60%）和B合伙企业（持股40%，B企业的实际控制人是A公司）。A公司和B企业的出资均为认缴，且认缴期限为［·］年［·］月［·］日（L公司的经营期限截止日前一年）前。

A公司、B企业拟以转让股权的方式引进投资人C公司，同时，A公司、B企业也将向L公司增资。此外，交易各方商议未来将成立一家由L公司员工组成的合伙企业D作为持股平台，再由B企业将其在L公司的股份转让给D企业。

这项交易的方案制定、具体安排和商务谈判，都是由C公司商务人员与A公司操作的，没有法律人员参与。在C公司认为交易基本谈妥的情况下，C公司商务人员参考其他项目中的投资协议文本起草了本项目的《［·］投资协议》，交给律师提出修改意见。

【处理】 对于这份《［·］投资协议》，律师注意到以下问题：

投资协议的当事人不仅有L公司及其原股东A公司和B企业，以及投资人C公司，而且包括尚未成立的D企业。协议不仅有各方对L公司的投资安排，还包括L公司未来的业务规划和安排。

关于投资安排，隐约可以看到包括增资和股权转让两个步骤。其中，增资是指C公司作为投资人向L公司增资（由A公司和B企业分别向C公司转让一部分股权），以及由A公司同步以追加出资的方式向L公司增资；股权转让是指在增资完成后，L公司将成立员工持股平台D企业，由B公司按照该协议的约定将其在L公司的全部股份转让给D企业。

而关于两个步骤下的安排，约定不清晰。例如，在增资完成后，L公司的股东应当是A公司、B企业及C公司。协议应当对L公司在这个状态下的股东和出资情况、公司治理结构等事项作出约定，但是协议只约定交易完成后L公司各股东的出资情况以及公司的治理结构等事项。对于增资完成后、股权转让前这个阶段（此时C公司已经是L公司的股东）的安排，客户认为“只是过程性的，没有必要约定”而完全没有涉及。对于增资的安排，也仅仅约定了C公司从A公司和B企业受让股权的份额和对应的出资额，以及A公司向L公司新增的注册资本的金额及对应的占比份额，但是对于何时出资等事项没有约定。特别是对于原股东A公司、B企业均未实缴的注册资本如何处理，《[·]投资协议》没有提及。

除了上述不清晰的投资安排，《[·]投资协议》还涉及L公司未来的业务安排。约定由C公司的母公司及其其他关联公司为L公司提供业务机会和业务资源。而这些公司并不是《[·]投资协议》的当事人。

由于律师没有参与交易前期工作，不了解客户C公司和交易其他方（主要是A公司）的商议情况，也不了解客户C公司对这些事项的态度。对于《[·]投资协议》反映出的这些问题，律师没有直接修改协议，而是在《[·]投资协议》文本对应条款中对问题作出提示的同时，以邮件方式向C公司作出总体提示和工作建议。以下是律师与客户交流的几个主要阶段：

第一轮：电子邮件沟通。

M经理您好，

应贵公司要求，我们审阅了贵公司来邮所附的关于L公司的《[·]投资协议》，我们有如下总体提示：

1.《[·]投资协议》载明的签署方不仅有A公司和B企业、L公司以及贵公司（C公司），而且包括尚未成立的D企业。请根据协议签署时机确定，D企业是否作为一方当事人签署，还是采取由其他主体代持等方案（有关方案的选择问题，如需请垂询我们）。

2. 协议安排的不仅是各方对L公司的投资，尤其是不仅包括贵公司作为投资方以增资方式加入L公司成为股东的安排，还包括通过持股平台对后续L公司员工激励股权预留的安排。该等安排在协议中缺乏相应的程序性和过程性的约定。此种程序性和过程性的约定是为了确保各方在签署本协议后能够没有歧义、清晰地按照协议约定完成交易。例如，协议对于交易的安排是否分增资和股权转让两个步骤，在增资完成后贵公司即为L公司的股东，此时贵公司希望有哪些权利。总之，目前协议对交易安排的描述过于简略，交易具体操作程序和过程约定存在不清晰和有歧义的情况。

3. 协议还涉及L公司未来的业务安排，涉及贵公司的母公司及关联公司向L公司提供G业务和T资源，但是这些业务和资源涉及的是协议各方之外的其他当事人。基于合同相对性原则，协议对除其签约方之外的其他当事人没有当然的约束力。贵公司在协议中的这些安排是否已经获得该等公司的授权。继而，除贵公司的母公司及关联公司之外，协议关于业务承接的约定还涉及这些业务服务合同的原相对方，相关业务的承接安排是否也征求过这些相对方的同意。

4. 此外，我们注意到，L公司的现股东A公司和B合伙企业对L公司的注册资本是认缴。贵公司对此是否知悉。根据《最高人民法院关于适用〈中华人民共和国公司法〉若干问题的规定（三）》第18条的规定，我们从《［·］投资协议》中看不出贵公司对此是否有考虑和安排。

以上是《［·］投资协议》存在的主要问题，我们也在协议对应条款处作出提示，详见本邮件附件。考虑到这些问题是交易的要点问题，由于我们没有参与交易前期工作，不了解贵公司和A公司对这些问题是否有过商议，也不了解贵公司的态度，因此本次我们没有直接修改协议，我们将根据贵公司的反馈意见再做处理。

第二轮：对于律师第一轮提示的问题，客户作出回应。

首先，协议中关于L公司未来的业务安排，C公司并未与其母公司等提供资源的各方商议过。客户认为不宜在目前的《［·］投资协议》中作出约定。

其次，关于《［·］投资协议》的签署方，目前D企业正在设立中，协议将在D企业注册登记后签署。因此，不将D企业作为《［·］投资协议》

的当事人。

最后，对于律师提到的《[·]投资协议》关于投资部分的安排。其中，有的事项，C公司也隐约知道有问题，但不知道如何处理（如L公司的现股东A公司和B合伙企业对L公司的注册资本认缴问题）；有的事项，C公司与A公司交流过但在协议中没有写明（如增资阶段各方的出资方式、出资时间）；有的事项，则是没有写清楚（如交易分为增资和股权转让两步），或者没有考虑过（如增资完成后至股权转让前这段时间的公司治理问题）。对于C公司与A公司商议确定了的事项，客户请律师修改协议；对于其他事项，C公司希望律师站在有利于C公司的角度加以补充，再由客户与A公司沟通。

在这一轮工作中，律师对《[·]投资协议》进行了大幅度修改：一是删除关于C公司的母公司及其关联公司为L公司提供业务机会和业务资源等业务安排。二是明确交易包括增资和股权转让两个环节，即“本协议第[·]条约定的增资安排及第[·]条约定的股权转让安排合称‘本次交易’，增资和股权转让完成后，本次交易完成，届时L公司的股东为A公司、C公司和D合伙企业”。

对于增资环节，根据客户介绍此前与A公司协商的情况，律师在《[·]投资协议》中增加了各方的出资方式、出资时间、增资款缴纳安排，以及增资后的股权结构、增资的工商变更登记。对于增资后L公司的股东会、董事会、监事会等公司治理结构等事项，客户此前没有考虑，因此，律师站在C公司角度作出示例性约定，并提示C公司关注。

对于股权转让环节，律师根据客户介绍的情况，在《[·]投资协议》增加股权转让的价格、支付安排及其他条件，明确优先购买权的放弃、股权转让的工商变更登记等事项。并且进一步明确了本次交易完成后L公司的股权结构、股权转让的限制、股权转让完成后的公司治理等。

由于本轮工作前客户说明对于有些事项没有考虑，而是让律师“站在其角度先替其考虑”，因此本次修改除了对投资协议的结构、内容调整较大，律师增加的某些约定，是示例性的。对此，律师在给客户的电子邮件中说明和提示：

M经理您好，

根据与贵公司交流，我们对增资协议作了较大的修改，进一步调整了协议文本的结构，以更明确本次交易各方面的内容。其中，对需要贵公司进一步考虑、确认和需要贵公司关注的内容用［·］模式显示，请贵公司留意。

此外，请贵公司注意以下几点：（1）本轮修改稿是我们向贵公司作出的，建议贵公司先审阅、确认相关修订内容，尤其关于本次交易的具体流程和顺序、各方权利义务条款的设置方面的内容，在贵公司确认后再与对方进一步沟通（如有需要，我们可与贵公司就相关内容进行进一步讨论），而不宜直接将本次修改稿发送给对方。（2）对于协议中的某些事项的具体安排，贵公司说明此前没有考虑，要求律师先替贵公司考虑，因此我们的增改是示例性的，请贵公司在审阅并确认相关内容后定夺。（3）本次修改稿不宜直接使用，后续我们将协助贵公司再调整优化一稿发给对方的版本。

第三轮：对于律师第二轮反馈的协议修改稿，客户做如下处理。

客户商议后接受了律师的大部分意见，就增资和股权转让两个阶段下L公司的治理结构，以及对于原股东认缴出资的责任提出具体要求。随着客户的思路逐步清晰，律师从法律和表达上予以规范。由此形成可以供交易各方讨论的文本。

第四轮：交易各方之间的沟通文本。

客户将律师修改后的投资协议发给A公司，A公司提出修改意见后，经客户反馈给律师，并由律师再行修改。

第五轮：定稿。

34 几类特殊合同工作中的注意事项

34.1 补充协议工作的注意事项

对于已经签署的合同，在履行中当事人可能有未尽事宜需要补充，或者出现新的情况需要修订、变更，于是就有了补充协议或者修订协议。

补充协议也是合同，有关合同工作的要点和注意事项同样适用于补充协议。但补充协议又有其特殊性，它以原合同存在为前提，在内容上与原合同有或多或少的联系。因此，在处理补充协议时，必须查看被补充的原合同，在内容上，应当特别注意与原合同的衔接。

34.1.1 补充协议的主体与原合同主体衔接

补充协议与原合同的衔接，很重要的一点是主体衔接。

例如，对由甲、乙、丙三方签署的原合同进行补充时，一般也需要由这三方签署补充协议。如果补充协议约定的事项仅涉及原合同的部分主体（如原合同的甲方和乙方），在这种情况下，如果没有影响丙方的权利、义务，则也可以仅由甲方和乙方签订补充协议，但是应当通知丙方；如果补充协议新增加了当事人（如丁方），则补充协议应当由原合同主体和新增主体四方共同签订。

34.1.2 应当注意原合同的履行状态

补充，应当是原合同尚在有效期内。如果是在原合同期满后再行签署的合同，可能就是新合同，而不是原合同的补充协议。

例如，甲方与乙方在一份技术服务合同中约定，由乙方向甲方提供为期一年的技术服务。一年期限届满，双方服务关系终止。此后半年，甲方又需要乙方提供技术服务，这时双方再行签订的合同是一份新合同，而不是原合同的补充协议，在没有另行约定的情况下，原合同的约定，如服务条件、知识产权归属等事项，并不能当然适用于新的服务关系。

34.1.3 补充协议的约定与原合同约定应当衔接

为避免歧义，在补充协议中需要对原合同中的相关内容如何处理加以明确。

示例1

关于《［·］协议》的补充（修订）协议

鉴于：

1. 甲、乙双方已于［·］年［·］月［·］日签订编号为［·］的《［·协议］》（以下简称原协议）。

2. 因［·］，甲、乙双方拟以本补充协议就原协议进行修订、补充。

现甲、乙双方经友好协商，对原协议达成本补充协议：

第1条　将原协议第［·］条内容全部删除，并用下述内容替代：［·］。

第2条　将原协议第［·］条第［·］款约定的“［·］”修改为“［·］”。

第3条　生效及其他

3.1　本补充协议使用的称谓和定义与原协议使用的称谓和定义具有完全相同的含义。除本补充协议进行的修改外，原协议应维持不变并继续有效。本补充协议与原协议不一致时，以本补充协议为准。

3.2　本补充协议自甲、乙双方盖章之日起生效。本补充协议一式［·］份，甲、乙双方各执［·］份，具有同等法律效力。

3.3　甲、乙双方同意，附件是本补充协议不可分割的组成部分，与本补充协议具有同等法律效力。

示例2

对一份有若干附件的合同的变更处理。

关于《［·］商业合同》的补充协议

鉴于：

1. 甲乙双方已于［·］年［·］月［·］日签订《［·］商业合同》（以下简称原合同）。

2. 甲乙双方拟以本补充协议就原合同进行修订。

现甲乙双方经友好协商，对原合同达成本补充协议：

第1条　关于原合同正文的修订

……

第2条　关于原合同附件的修订

2.1　原合同附件1《［·］》删除，替换为本补充协议附件1《［·］业务规范》。

2.2　原合同附件2《［·］》维持不变，作为本补充协议附件2。

2.3　原合同附件3《［·］》删除，替换为本补充协议附件3《［·］》。

2.4　原合同附件4《［·］》删除，替换为本补充协议附件4《［·］》。

2.5　原合同附件5《［·］》删除，替换为本补充协议附件5《［·］》。

2.6　原合同附件6《［·］》维持不变，作为本补充协议附件6。

2.7　原合同附件7《［·］》维持不变，作为本补充协议附件7。

2.8　原合同附件8《［·］》维持不变，作为本补充协议附件8。

2.9　原合同附件9《［·］》删除，替换为本补充合同附件9《［·］》。

……

本补充协议附件为：

附件1　《［·］业务规范》

附件2 《［·］》（原合同附件2，本次不再重复附上）

附件3 《［·］》

附件4 《［·］》

附件5 《［·］》

附件6 《［·］》（原合同附件6，本补充协议不再重复附上）

附件7 《［·］》（原合同附件7，本补充协议不再重复附上）

附件8 《［·］》（原合同附件8，本补充协议不再重复附上）

附件9 《［·］》

34.2 格式条款合同工作的注意事项

格式条款是当事人为了重复使用而预先拟订，并在订立合同时未与对方协商的条款。[①] 格式条款合同与本章提到的参考文本、示范文本不同。[②]

提供商品或服务的一方有可能（且往往）利用自己的优势地位，制定有利于自己而不利于交易对方的条款，因此，法律有关格式条款合同的规则，主要体现在对制定或者提供格式条款合同的限制性要求上。

34.2.1 格式条款合同的呈现形式

格式条款合同的呈现方式多样：有的比较容易辨识，如旅行社与游客之间的团队出境旅游合同、网站用户注册协议；有的相对隐蔽，如网络服务条件与条款、隐私条款；还有的以其他名目出现而不被当作合同，如商家或服务提供商在营业场所张贴或刊登的店堂告示、通知、公告、声明或充值卡等。

---

① 参见《民法典》第496条第1款。

② 示范合同，是指根据法规或者惯例而确定的具有合同示范作用的文件。房屋买卖、房屋租赁、建筑等许多行业正在逐渐推行各类示范合同。由于示范合同只是当事人双方签约时的参考文件，对当事人无强制约束力，双方可以修改其条款内容，也可以增减条款，且不一定为了重复使用而预先拟订，因而它不是格式条款。

示例

【案例】 最高人民法院（2022）最高法民再186号案件中，某商业银行L分行作为甲方分别与作为乙方的邓某某、曾某某、某公司等签订了内容基本相同的《最高额抵押合同》。最高人民法院认定："从合同形式看，本案所涉所有担保人签订的《最高额抵押合同》均为同一格式，只是抵押物不同。可见，合同为某商业银行L分行为重复使用而预先制定的格式合同。"①

格式条款最实质的特征在于不可协商性，无论以什么名目或形式出现，即使其条款没有被实际使用，即便是依据合同示范文本制作或者合同双方已经明确约定"本合同条款不属于格式条款"，但只要符合"当事人为了重复使用而预先拟定，并在订立合同时未与对方协商的条款"情形，也都属于格式条款合同。②

34.2.2 格式条款合同的注意事项③

法律明确规定了格式条款无效的情形：④ 这些情形有的在约定中比较明显，如"本公司拥有最终解释权"；有的比较隐晦，如某用户服务协议中约定"用户对业务变更有异议，应当在服务提供商发出通知后一个月内以书面形式向服务提供方提出，否则视为用户已得知并同意"。

对于格式条款合同，需要从以下方面关注法律的限制性要求：

一是对于交易条件的描述应当准确、完整、规范、清晰，便于合同对方正确理解。例如，电信服务类合同中，对于"存话费送手机"这个交易条件

---

① 载 https://www.lexiscn.com/law/content_case_analysis.php?case_id=145857963&eng=0&keyword=5pyA6auY5Lq65rCR5rOV6Zmi77yIMjAyMu%2B8ieacg0mrm0azleawkeWGjTE4NuWPtyw%3D&t_kw=5pyA6auY5Lq65rCR5rOV6Zmi77yIMjAyMu%2B8ieacg0mrm0azleawkeWGjTE4Nu，最后访问日期：2024年7月2日。

② 参见《合同编通则司法解释》第9条。

③ 可以结合本书第3章之"24.4 格式条款合同的争议解决条款"阅读。

④ 参见《民法典》第497条。

是否有机卡分离这样的限定条件，对于“零元购机”的前提条件，应当作出明示，而不应当模糊处理，甚至为了吸引消费者而有意为之。

二是合同用语应当准确、清晰，避免产生误解或歧义。例如，“预存话费零元起购机”与“预存话费零元购机”不同。前者用户购买手机终端的费用最低可以是零元，最高没有限制，而后者用户购买手机终端的费用只能是零元。

三是对于可能免除或者限制合同对方责任的条款，在行文中，注意通过字体加黑、加粗、下划线等显著方式提请合同对方注意。①

四是使用当事人自用的合同模板等参考文本时②，需要特别注意不要被认定为格式条款合同。

示 例

【案例】在某财产保险股份有限公司航运保险运营中心（以下简称人保公司）、XH 船务（香港）有限公司（以下简称 XH 公司）海上、通海水域保险合同纠纷案中［最高人民法院（2021）最高法民再 24 号］。最高人民法院再审观点如下：

1. 本案中包括“付费条款”和“原木条款”在内的主要续保条件均经双方当事人通过邮件往来协商，进行了特别约定。新华公司在回函中仅对保额、费率以及机损是否除外有意思表示，未对案涉“付费条款”“原木条款”提出异议，不能表明“付费条款”“原木条款”未经双方协商。相反，双方的邮件往来表明，新华公司可以对“付费条款”“原木条款”提出异议但其并无异议。

2. 案涉保险合同中的“付费条款”与“原木条款”并非格式条款，不存在格式条款的不平等性、先决性、非协商性的特征，人保公司对该两个条

---

① 参见《合同编通则司法解释》第 10 条第 1 款。

② 可以结合本章“31.1　参考文本的主要来源及使用注意事项”阅读。

款依法不负有特别提示和说明义务。[①]

【**处理**】可以通过将可编辑/可补充的合同文本发送合同对方征求意见，增加定制性内容，避免出现明显预制合同特性的方式处理。

除《民法典》有专门的规定外，《消费者权益保护法》等也有关于格式条款合同的规定。在合同工作中，需要有意识地辨识和处理。

34.3 互联网合同工作的注意事项

与实体环境下（线下）的交易相同的是，网络环境下（线上）的交易各方也需要签订合同文件以明确权利、义务。与传统的线下交易合同不同的是，网络合同是通过互联网等信息网络订立的电子合同。法律对于电子合同的订立、履行也有专门的规则。[②] 结合网络环境的特点，处理这类互联网合同有以下注意事项。

34.3.1 互联网合同是具有格式条款属性的电子合同

含有格式条款的电子合同在互联网交易中被广泛运用。服务接受方等网络用户为使用相关服务，基于“要么全盘接受，要么全部拒绝”而不得不接受互联网平台等服务提供方等事先拟订的电子合同。对于互联网合同的起草、审核工作，除关注格式条款内容外，[③] 还需要结合其电子特性采取有效的合

---

① 载 https：//law. wkinfo. com. cn/judgment - documents/detail/MjAzNzc3ODI1Mzk% 3D? searchId = 64db35c069c047a086de92711e679d7a&index = 1&q = % E4% B8% AD% E5% 9B% BD% E4% BA% BA% E6% B0% 91% E8% B4% A2% E4% BA% A7% E4% BF% 9D% E9% 99% A9% E8% 82% A1% E4% BB% BD% E6% 9C% 89% E9% 99% 90% E5% 85% AC% E5% 8F% B8% E8% 88% AA% E8% BF% 90% E4% BF% 9D% E9% 99% A9% E8% BF% 90% E8% 90% A5% E4% B8% AD% E5% BF% 83% E3% 80% 81% E6% 96% B0% E5% 8D% 8E% E8% 88% B9% E5% 8A% A1% EF% BC% 88% E9% A6% 99% E6% B8% AF% EF% BC% 89% E6% 9C% 89% E9% 99% 90% E5% 85% AC% E5% 8F% B8% E6% B5% B7% E4% B8% 8A% E3% 80% 81% E9% 80% 9A% E6% B5% B7% E6% B0% B4% E5% 9F% 9F% E4% BF% 9D% E9% 99% A9% E5% 90% 88% E5% 90% 8C% E7% BA% A0% E7% BA% B7&module = &summary = ，最后访问日期：2024 年 7 月 2 日。

② 参见《民法典》第 469 条、第 491 条、第 512 条，《合同编通则司法解释》第 10 条第 3 款。

③ 可以结合本章之“34.2 格式条款合同工作的注意事项”阅读。

理方式提请用户注意。

在以纸质文件为载体的书面合同签订场景中，合同起草方采用足以引起对方注意的文字、符号、字体等特别标识，并按照对方要求对格式条款予以说明，一般都可以被视为已“采取合理方式”履行提示和说明义务。对于互联网合同，如果服务提供方（合同起草方）仅通过文字、符号、字体等特别标识突出格式条款，未必能符合法定“采取合理方式”履行提示和说明义务的要求。如果所使用的标识未实际起到足以引起对方注意效果，则不足以证明服务提供方已经履行提示和说明义务。① 因此，提供互联网合同的一方应当从用户的体验角度审查相关条款的呈现方式是否实际起到足以引起对方注意的效果。

34.3.2 互联网合同文件的法律属性具有隐蔽性

与实体环境下被冠以“合同”“协议”之名的法律文件相比，互联网合同的法律属性较为隐蔽。例如，在互联网平台中，除了用户注册协议这样“看起来”法律属性较为明显的文件，诸如隐私政策、服务条款、平台规则、网站声明等也是常见的平台文件。

这些文件，从内容上看，有的侧重于交易安排，如用户注册协议，约定交易步骤和平台各参与方的角色以及各自的权利、义务；有的侧重于平台管理，如平台规则，规定各方在网络平台上进行活动应当遵守的行为准则和规范。从名称上看，有的文件法律属性明显，如用户注册协议；有的文件则可能不会被认为是合同这样的法律文件，如隐私政策。

这些看起来不像合同或者协议的规则、条款、声明文件，一旦由平台方等服务提供方发布并且由用户接受，其本质上可能都属于合同或者合同的一部分。对于这些文件应当将其作为合同对待。

此外，互联网平台等交易场所中的交易文件可能由一系列合同和文件构成，其中有的文件可能更新频繁，版本更迭快。在制定、发布、更新这些合

① 参见江苏省苏州市中级人民法院民事裁定书，（2015）苏中民辖终字第00253号。

同文件时，应当关注不同合同文件之间的统一或协调性，避免就同一事项的约定发生矛盾、冲突，或者形成约定事项上的“盲区”。

示 例

App上的“隐私政策”（个人信息保护政策）[①]

隐私政策（个人信息保护政策）对于网络用户来说并不陌生。出于种种原因，大多数用户不会主动查看隐私政策（个人信息保护政策），更不会仔细研读。

根据法律规定和监管要求，移动应用程序（App）等网络平台应当告知用户并公开公示其收集、使用用户个人信息的方式、目的和范围等规则，这是隐私政策（个人信息保护政策）的法律基础。

从隐私政策（个人信息保护政策）的内容看，通常以个人信息的收集、使用、存储、管理等信息处理流程为线索，以较长的篇幅描述平台以及平台上的产品或服务如何对用户个人信息进行处理。用户（信息主体）通过签署隐私政策（个人信息保护政策）的方式对平台作出个人信息授权。可以说，隐私政策（个人信息保护政策）是平台与用户之间就用户个人信息的全周期处理达成的约定，这种约定具有法律属性，是包含格式条款的电子合同。

基于监管要求，越来越多的App、小程序、网站等网络平台发布了隐私政策（个人信息保护政策），但是其中不少流于形式、条款堆砌、漏洞百出。有的使用大量晦涩难懂的技术词汇，难以理解；有的设置不公平、不合理的免责条款。从现实情况看，不少平台的隐私政策从其他平台东拼西凑，或者干脆照抄照搬其他平台的隐私政策（个人信息保护政策）。

对于平台方来说，隐私政策（个人信息保护政策）是其收集信息的公开透明化，既是为了满足监管要求，又是面对监管的一项重要自我保护工具。

---

① 国家市场监督管理总局、国家标准化管理委员会2020年3月6日发布、2020年10月1日实施的《信息安全技术　个人信息安全规范》（GB/T 35273－2020）中将“隐私政策”调整为“个人信息保护政策”，本章表述时同时使用“隐私政策”“个人信息保护政策”，以兼顾交易习惯和标准规范。

无论是采取每个App单独制定专门的隐私政策的方式，还是多个产品适用同一份通用隐私政策，平台方都应当作为App个人信息保护或者数据合规的重要文件予以重视。即便有模板供参考，隐私政策（个人信息保护政策）也应当根据平台所承载的业务、服务的实际情况定制，需要法律、产品与技术多部门沟通撰写。

《信息安全技术　个人信息安全规范》（GB/T 35273－2020）给出了隐私政策模板，该模板为平台方制定隐私政策提供了有益的参考。以下是该模板目录：

1. 我们如何收集和使用您的个人信息
2. 我们如何使用Cookie和同类技术
3. 我们如何共享、转让、公开披露您的个人信息
4. 我们如何保护您的个人信息
5. 您的权利
6. 我们如何处理儿童的个人信息
7. 您的个人信息如何在全球范围转移
8. 本政策如何更新
9. 如何联系我们

但是，不同类型的平台依其服务内容和功能、所收集个人信息类型的不同，对个人信息的处理方式也会不同，相应地，隐私政策对事项的描述也应当不同。

表5是电子商务平台、旅游服务平台、少儿英语教育平台参照《信息安全技术　个人信息安全规范》制定的隐私政策部分条款对比。

表5　不同平台隐私政策条款

隐私政策条款	电商平台	旅游服务平台	少儿英语教育平台
我们如何收集和使用您的个人信息	我们会为实现本政策下述的各项功能，收集和使用您的个人信息：	我们会为实现本政策下述的各项功能，收集和使用您的个人信息：	我们会为实现本政策下述的各项功能，收集和使用您的个人信息：

隐私政策条款	电商平台	旅游服务平台	少儿英语教育平台
	1. 帮助您成为我们的会员（对该功能所涉及个人信息的具体描述暂略，下同） 2. 为您提供商品或服务信息展示 3. 为您提供收藏、加购、关注与分享功能 4. 帮助您完成下单及订单管理 5. 帮助您完成支付 6. 帮助向您完成商品或服务的交付 7. 客服及争议处理	1. 帮助您成为我们的用户 2. 预订、下单旅游产品 3. 配送、邮寄商品 4. 支付 5. 出行 6. 改进我们的产品和服务	1. 用户注册 2. 课程服务 3. 在线课程 4. 客户服务 5. 寄送礼包 6. 个性化营销
我们如何处理未成年人的信息	在电子商务活动中我们推定您具有相应的民事行为能力。如您为未成年人，我们要求您请您的父母或其他监护人仔细阅读本隐私权政策，并在征得您的父母或其他监护人同意的前提下使用我们的服务或向我们提供信息	我们的网站和服务主要面向成人。如您为未成年人的，建议您请您的父母或监护人仔细阅读本隐私权政策，并在征得您的父母或监护人同意的前提下使用我们的服务或向我们提供信息	我们了解，我们所收集、处理的学员个人信息可能来自14周岁以下未成年人（以下简称儿童），我们非常重视对儿童个人信息的保护。对此，我们严格按照法律规定落实保护责任，并作出以下承诺： 1. 未经监护人同意，儿童不得创建自己的用户账户 2. 在收集儿童个人信息前，我们将提醒儿童及其监护人阅读本隐私政策，向其告知我们收集、处理儿童个人信息的场景，以及我们所采取的信息安全保护措施 ……

续表

隐私政策条款	电商平台	旅游服务平台	少儿英语教育平台
您的个人信息如何在全球范围转移	我们在中国境内（为本政策之目的，不含中国香港、澳门、台湾地区，下同）在运营中收集和产生的个人信息，存储在中国境内	原则上，我们在中华人民共和国境内收集和产生的个人信息，将存储在中国境内，但您主动发起的跨境预定、下单、交易等个人行为（如购买国际机票、预订国际酒店等）除外	我们在中国境内运营中收集和产生的个人信息，存储在中国境内

【分析】从上例可以看出，电子商务平台、旅游服务平台、少儿英语教育平台均参照隐私政策模板的结构制定了各自的隐私政策（个人信息保护政策），但是相关条款内容区别显著。例如，关于收集个人信息的用途，三类平台的描述各不相同，特别是旅游服务平台的“出行”功能、少儿英语教育平台的“课程服务”功能与电子商务平台有明显的不同；关于未成年个人信息的处理，少儿英语教育平台面向儿童提供服务，收集的个人信息主要为儿童个人信息，因此该条款内容与其他平台有差异；关于个人信息的存储和跨境，旅游服务平台存在出境游业务，涉及个人信息跨境问题，因此这一条款的内容与其他两个平台明显不同。

总之，平台方应当根据平台所承载的业务、服务的实际情况定制隐私政策（个人信息保护政策），而不宜照搬照抄模板或者其他平台。

第 5 章

结语：合同是写给谁看的

提　要

合同工作的“悖论”在于，合同不是写给起草者和修改者看的，而使用合同的人，例如合同履行者、合同裁判者，却没有机会起草修改合同。

无论是法官、仲裁员探究订约各方真实意思表示的证据，还是给履行合同者的行动规则，合同是写给合同起草者、审查者和修改者以外的人看的。当事人将合同交由作为交易“局外人”的法律人员起草、审查、修改，是因为合同的法律属性。如何确保合同符合订约方（至少是起草方）的本意，并具有可操作性，是合同工作应当关注的。

之所以实用、严谨的合同多出自律师之手，并非仅仅因为其法律知识，更是因为其思维方式。法律专业知识在合同工作中占比并没有一些人想象的那么大。合同法律工作，首先，是对思维能力的要求，体现在对交易的理解、对合同架构和条款的设计，逻辑的严谨、清晰，考虑问题周全、严密，表述的精准、没有歧义。其次，才是法律问题。在一定程度上，对交易的理解、交易流程的了解，比对法律规定的了解更容易帮助法律人员把握合同的实质，并大大提升合同的实用性和法律风险控制水平。

35 合同是写给起草者以外的人看的

如果合同是写给起草合同或者修改合同的人看的，那么只需要起草者和修改者明白即可。但事实上，在合同签订后，甚至更早——在完成合同起草或对合同修改之后，合同的起草者、修改者就再也见不到合同书了。

那么，合同是给谁看的？

35.1 合同是写给履行合同的人看的

从一份合同的“生命轨迹”看，合同第一次被重视是在合同的制作（包括起草、审查和修改）环节。

作为交易的阶段性总结文件，能够达成合同，在当事人看来是交易的一个“里程碑事件”。因此，对于能不能订立合同以及合同里是怎么约定的，交易各方普遍还是比较重视的。即使不一定认为“一诺千金”，很多客户也知道“白纸黑字”意味着什么。而且，对于不少客户来说，囿于内部管理要求和审批流程，合同还必须交由法律人员起草、审查、修改。因此，对于合同能不能过法律人员这道关口，客户还是关注的。对合同关注度的峰值将会出现在合同签署的那一刻。

然而，合同一旦签署，当事人对其关注度随即锐减。很多时候，签署后的合同基本上被束之高阁。在交易顺利、合同正常履行的情况下，合同基本上是被放在一旁的。只是在交易进行中的某个时点，当遇到了某个事项（如付款），需要将合同书作为依据时，签署的合同可能会被拿出来查询、确认一下。更多时候，合同都处于“休眠”状态。

这样看，合同是给履行合同的人看的。

35.2 合同更是写给法官和仲裁员看的

合同被再次重视往往是交易中出现了问题。例如，交易一方没有按时付款，对于可以采取什么样的措施、追究什么样的违约责任，当事人可能会找出合同，研读其中是怎么约定的，看看这些约定对自己有利还是不利。

如果交易进展不顺利，各方的分歧扩大、矛盾加剧，当事人无法协商解决而引发诉讼或者仲裁。在纠纷案件处理中，合同是重要证据因而受到了前所未有的关注。争议各方会竭尽全力寻找合同（可能因为时间久找不到原件了），不惜咬文嚼字，甚至挖空心思地在合同条款中寻找对自己有利的约定。在案件处理中，更是不遗余力地将合同中对自己有利的内容展示、放大给法官或者仲裁员。从各种角度诠释合同的“真实意思表示”，事实上，更多的是站在对己方有利的角度诠释、解读合同。

这样看，合同更是写给法官、仲裁员看的。

不论合同是写给履行者还是争议裁判者看，有一点是确定的——合同不是写给起草者和修改者看的。因此，对于合同，**不能只让起草者和修改者明白，而且要让读者也明白；不能仅站在合同某一方的角度理解，而是应当换位理解，并确保合同各方的理解一致；不仅要让当事人理解一致，而且要确保在日后履行中特别是在合同履行出现争议时不存在理解上的分歧**。

对于合同的起草者和修改者来说，最重要的是，要让合同各方以外的其他人（如法官、仲裁员）理解这份合同，而且在理解上无歧义（除非起草者和修改者有意识地埋下这种歧义）。总之，要让其他人按照起草者和修改者的本意去理解和解读合同。

对于法律人员来说，准备这样一份能够“表达真实意思”的合同文件，需要禁得起有不同利益诉求的各方可能“有歧义”的解读。因此，**对于起草、审查、修改合同这项典型的非诉讼工作，需要具有逆向思维——以履行合同以及诉讼的视角去开展**。

36 写一份给起草者以外的人看的合同

起草合同，并不是法律人员的“特权”。即使没有多少法律知识的当事人，通过简单的了解和学习，再从网上找几个参考文本，也是可以列出几个条款把自己的想法和安排写出来的。如果再花些时间和精力，有的当事人可能还会做得更好。而修改合同，更不是非法律人员莫属。

但是，为什么由法律人员起草、审查和修改合同？因为法律人员专业。法律人员的这种专业性，不仅仅体现在对法律的掌握，更主要体现在思维的周密性、对问题的预见性以及表述的严谨性等方面。

36.1 考虑问题的周密性

虽然交易安排周密与否很大程度上取决于对商业问题的考虑是否周全，但是周密性也是衡量法律人员能否胜任法律工作的一个重要指标。不少客户选择律师的时候，将经验作为一项重要的指标，这也与周密性相关。有经验的律师不仅能够更准确地理解客户的商业意图，而且能够凭借过往经验填补客户考虑问题上的“盲点”或者“空白”，考虑问题更周全，从而能够更好地进行风险控制。

职业训练使法律人员在周密性上有一定的优势。反映在合同工作中就是，能够基于法律人特有的思维，将当事人在合同中的权利、义务和风险责任以及各种情况考虑到，并预设防范措施。例如，本书第3章某转售合同中关于合同终止及后续事项的约定，列举了合同终止的情形及其对应的后果，并对终止后的各项工作逐一回应。[①]

考虑问题的周密性离不开多角度思维。作为合同的起草者和修改者需要设想一下，如果自己是对交易毫不知情的合同履行者，在履行中对于合同条款是否会有理解歧义；如果自己是交易局外人的裁判者，将怎样解读这份合同。进而，如果合同对方拿着这份合同委托自己代理纠纷案件，自己将会如何从法律上审视其内容。基于不同的角色、站在不同的方位、以不同的视角观察，看问题才能更全面，考虑问题才能更周密。

36.2 对问题的预见性

预见性与周密性相关。一个周密的方案，其中一定包含了对事情的预见性；而具有预见性，又促进考虑问题的周密性。

法律人员的专业性体现在预见到客户没有提出的问题，而不是在问题出现了以后被动接应。缺乏预见性的合同约定，如同买了一个没有说明书的产品，只有在用的时候才能遇到问题，也许这些问题大部分可能是商务问题，但是作为法律专业人员，要预先想到各种可能性。

预见性需要有逆向思维。在开展合同工作时，应当预先设想可能会发生的各种纠纷，而不应当放过任何一个潜在的漏洞或者心存一丝侥幸。可以说合同中的每一个条款，都可能成为纠纷案件中的一个焦点问题。**在纠纷案件发生后再去想办法应对和补救，是不得已而为之。在合同起草或审查、修改时进行事先安排和防范，才是解决之道。**

36.3 对法律理解的系统性

具有法律专业知识，了解法律规定，是法律人员合同工作最基础的服务。

对法律规定的理解，法律人员在合同工作和纠纷案件处理时的着眼点有

---

① 可以结合本书第 3 章之“22　解除条款”阅读。

所不同。相对于纠纷案件处理中努力抓住甚至放大任何对己方有利的规定和观点的工作思路，在合同的起草、审查和修改工作中，需要更多考虑于己不利的因素。

争议解决中的问题是相对显性的，运用法律是为将特定的案件事实与法律规定进行对比，以找到有利于己方的观点，形成确切的、支持性的结论。合同工作中的问题是潜在的，对法律的理解需要面对未来的不确定性，甚至要否定自己的观点。因此，在对法律的理解上，包括法律检索、分析以及处理问题的尺度把握上，需要以审慎、稳健的原则处理。

示 例

下面通过一份注册商标转让协议的起草工作说明，当存在不同观点时应当如何把握和处理。

【背景】 商标转让，不仅涉及《民法典》合同编、《商标法》，而且可能涉及《著作权法》。因为商标上可能同时存在商标专用权和著作权，当某作品被注册为商标，即使该商标被转让，取得商标权的受让人并不当然取得相关商标标识所涉作品的著作权。[①] 因此，除了约定商标转让外，在协议中还要考虑注册商标对应的作品的著作权。

注册商标转让协议

转让方和受让方经友好协商一致，就“［·］”商标转让事宜达成如下协议：

第1条　转让商标的基本情况

1.1　根据本协议约定，转让方向受让方转让“［·］”商标（以下简称转让标的），转让标的的商标申请人、商标序号、注册类别、商标注册日、

① 例如，甲委托乙设计商标图案，双方未在委托合同中约定商标图案著作权归属。在这种情况下，甲有权将该商标图案作为注册商标使用，但甲不因商标使用行为取得该商标图案的著作权。在商标权人与著作权人不是同一主体的情形下，仅依据商标注册证或初审公告、注册公告是无法必然得出商标注册申请人或注册人亦是著作人之结论。对此也有不同观点。

注册号、法律状态等信息详见本协议附件。

第2条 商标转让事宜

2.1 转让方同意按照本协议将其拥有的关于转让标的的全部权利（包括但不限于商标专用权、商标图样及文字的著作权）转让给受让方，受让方同意按照本协议受让转让方转让的前述权利。

对法律的理解，要有系统性：既要准确掌握有关合同的法律规定，也要了解交易对应的行业或者领域的法律；既要包括诸如民法这样的实体法，也要包括民事诉讼等程序法。[①]

36.4 表述的严谨性

法律人员对合同的审查、修改，也涉及对合同起草者语言表述的调整（起草合同就更不必说了）。合同的表述并不仅仅是对法律专业概念以及专业术语的运用问题，合同中的错别字、错误编号、内容重复、标点符号等貌似只是语言表述问题，如果放在上下文内容中系统解释，有时可能会带来语意上的颠覆。

因此，合同表述的严谨，除了要关注错别字、错误编号、内容重复、标点符号等问题外，还需要特别注意合同表述应当注意统一、精确、无歧义。

统一，是指合同中同一概念的前后表述应当保持一致，且不应当发生内容上的冲突。例如，交易双方当事人是称为“买方”“卖方”，还是“甲方”“乙方”，要统一。又如，合同中约定的是“质量保证金”还是“保修金”，表述应当统一。

精确，是指合同表述含义明确具体，阅读合同的人无须借助其他证据而仅凭合同就可以得出没有歧义的理解。例如，关于某项义务的履行期限，约定“尽快”就不如具体的时间精确。

---

① 可以结合本书第4章之“30.2.1 如何进行交易的法律关系判断”阅读。

无歧义，是指合同所述，应当让不懂法律专业，且既没有参与交易也没有参加合同履行工作，甚至连旁观者都不是的人一看就明白。合同条款没有既可以这样理解，又可以那样理解的问题；约定上，也没有含混不清的问题，更没有挂一漏万的情况。

示 例

甲（出租人）与乙（承租人）签订期限为五年的房屋租赁合同，关于租金的支付条款约定：第一年的租金在签订合同时给付；第二年的租金在第二个租赁年开始前一个月给付，逾期付款超过一个星期，出租人有权解除合同。甲、乙签订租赁合同后的第九个月时，租金飞涨，甲不想继续将房屋出租给乙，于是产生纠纷。对于“第二年的租金在第二年开始前一个月给付”的约定，乙认为是第二个租赁年开始之前的一个月，甲方的理解则是租赁年开始后的第一个月。

在法律人员起草或审查时，（除非有意为之）要避免各种有歧义的解释空间。

36.5 约定的可操作性

合同书的功能之一是为交易各方订立行动准则。因此，可操作性对于履行者来说十分重要。

例如，对于买卖合同中卖方的违约责任，当事人（买方）起草的买卖合同中可能就是“任何一方违反约定应当承担相应的违约责任”这样一句话。一旦卖方出现诸如交货、验收等迟延履行情况，对于买方来说，这样一言以蔽之的约定可能并不好用。“相应的违约责任”是什么？买方可以采取哪些措施？相形之下，法律人员的考虑除了更加周密，写出来的合同条款也更有针对性和操作性。

示 例

买方律师起草的买卖合同中关于卖方工作进度迟延的违约责任的约定。

9.7 工作进度迟延的违约责任。双方应当按照合同及附件［·］约定的期限履行合同。如果因卖方原因使交货、初验（含再次初验）、终验（含再次终验）等任何一个阶段工作延误，卖方应当就该等延误向买方承担违约责任。对于卖方任何一个阶段工作的延误，买方有权要求卖方按照下列比例向买方支付违约金：迟延履行的第1周（周指连续7天，下同）~第2周，卖方每周应当按照相当于合同总价1%的标准支付违约金；迟延履行的第3周~第6周，卖方每周应当按照相当于合同总价［·］%的标准支付违约金；迟延履行7周及以上，卖方每周应当按照相当于合同总价［·］%的标准支付违约金。迟延履行不足1周时按1周计算。因任一阶段工作迟延而使买方额外增加的各项费用（包括但不限于运输及保险费用、测试费用）由卖方承担。如果卖方任何一个阶段工作迟延使买方遭受损失，卖方应当赔偿买方由此造成的损失。如果卖方任何一个阶段工作迟延，其迟延违约金金额累计达到合同总价的［·］%时，买方有权视情况解除本合同。该等解除并不免除卖方根据买方要求应当承担的上述违约责任。

合同的可操作性，还体现在有明确约定的步骤上。例如，关于股权转让的通知，不是约定“一方通知另一方，另一方有优先购买权”即可，而要约定可操作的履行优先购买权的步骤。

示 例

7.1 非转让方选择是否履行优先购买权：非转让方应在收到转让通知后［·］日内，选择是否履行股东优先购买权。如果非转让方选择根据转让通知规定的条款和条件购买待售股权，其应在转让通知送达日之后的［·］日内将其购买意图书面通知转让方。

合同的法律属性，除了体现在其法律约束力，还体现在合同工作的专业性上。尽管合同表达的是商业诉求，讲述的是商业故事，但是无论是对法律规定的理解，还是对法律实务操作的把握；无论是对交易考虑的周密性，还是对法律风险的预见和防范；无论是对合同架构安排，还是表达的准确性和规范性，合同的起草工作无不体现出法律专业性。

客户找法律专业人士起草合同工作，不是为了给法律人员机会展示其专业，而是为了完成交易。法律人员的专业性并不是仅仅为了让合同“看着专业”“显得规范”，而是要具有可操作性、便于履行，更是需要避免因“不专业”“不规范”而产生争议和风险，以及在发生争议的情况下（哪怕是订立合同多年以后）让法官或仲裁员能够按照合同当事人当时的本意理解合同。

致　谢

写写停停，跨了三个年头，用了差不多两年，终于完成了《重新定义合同：从商业意图到法律文件》的写作。

之所以有机会与读者分享我对合同的理解，首先要感谢法律出版社的吴剑虹女士，还有周洁编辑。吴剑虹女士是2006年出版的拙著《律师的思维与技能》一书的编辑，也是资深的出版人。没有她的鼓励，就没有我从“想写，到不想写，再到写出来”的这个过程和坚持。对于我写作上的拖沓，吴剑虹女士更是给予了极大的理解和包容，并做了周全的安排。周洁编辑接手这本书的编辑工作后，从写作方法到书的体例结构和内容，从书名到语言文字，都给了我非常有见地和有帮助的意见和建议，让我受益匪浅。

这本书再次印证了任何一本书，即使是专著，都不是作者一个人完成的。

《重新定义合同：从商业意图到法律文件》根植于律师这个职业，也离不开我执业的天元律师事务所——一家推崇包容、进取的文化精神，视人才为核心竞争力，注重专业人才培养和传承，尊重每位成员的个性、付出和努力的中国本土律师事务所。在天元特有的研究性工作环境下，我有机会与一群追求卓越的法律专业人士工作，探讨和分享我们对合同工作的理解。这些是这本书不可或缺的重要来源，书中的不少素材源于工作实例（当然，已经隐去客户信息和具体的交易信息）。这本书也凝结了天元人的智慧和付出。

需要感谢的还有客户、听众，以及更多的她和他。为他们提供的法律服务和讲座，促使我不得不不断而系统地思考，从不同角度观察、理解合同。他们也见证了我与合同之间的情感。

在这个感谢的名单上不可能缺席的是我的家人——无论资深，还是新锐，都是法律人。特别是我的丈夫，一位（不仅是我眼中）优秀的法律人，在我写作迷茫和困惑时给出寥寥数语，令我茅塞顿开的同时更感叹于他那种也许是与生俱来的智识。多年来能够分享他对合同及法律工作的感悟，更是我的幸运。

最后，要感谢合同，它让我有机会与大家分享对它的体会。

后　记

《重新定义合同：从商业意图到法律文件》酝酿于2016～2017年，完成于2018年，2019年首次出版，2020年有过一次再版。如果不是再版，可能未必会再次翻开自己写的书。一旦打算修订，就开启了一段接续的旅程。

这段旅程并不是始于写作，它与我的律师执业同频共振。2024年是我律师执业的第30年。尽管在自驱和外驱的共同作用下，一直保持努力的姿态，但面对一份全力以赴了30年的工作，无论是出于本能，还是有意识提醒自己不能靠惯性，也很难有初入行时那种自己都能感受到的变化。

还好，有写作。这些年的专业写作，消解着执业中的情绪，感受和传递着对职业的理解，在自我释放的同时提升了自我。虽然写作中不时纠结、偶尔沮丧、间或抓狂，但翻来覆去中让思考更深入，颠来倒去下让表达更清晰。再版，给了一个很好的机会，补强曾经单薄的观点、厘清过往含糊的文字——这些问题，与其说是写作上的，不如说是认知上的。因此，每一次修订，是文字的修改，更是自我的审视。

《重新定义合同：从商业意图到法律文件》不是一本"关于合同法"的书，甚至不是一本"关于法律"的书。这是一本关于合同法律工作的书。书中的每一句话都源于执业的心得，每一个示例背后都有一个故事或事故。书中的灵感和观点，是执业中的迷茫和不知所措、努力和豁然开朗所给予的。这也是一本思考之书。通过这本书，不仅表达了对于合同及合同工作的理解和认知，也试图传递对于律师执业的感受和态度。相比第一版写作的用力，第三版的修改比较舒展。这些用力或舒展，可能与因写与改的难度不同有关，但我更相信是岁月流逝带来的变化。

回想起律师执业刚过十个年头，不知天高地厚地写过《律师的思维与技能》（法律出版社 2006 年版）。当后来被问到是否有修订的想法时，反而没有勇气再触碰这样大的话题。希望读者能够从《重新定义合同：从商业意图到法律文件》中读到关于律师的思维与技能。对此，在《重新定义合同：从商业意图到法律文件》写作伊始并无意识，但再读时，自己已经清晰地看到。重读自己写下的文字，仿佛从时间处获得了豁免权。

《重新定义合同：从商业意图到法律文件》能够有第三版，欣慰的同时还有深深的感激。感谢法律出版社的认可（2006 年至今的两本拙著和两本合著都是由法律出版社出版的，这是我的荣幸），编辑的付出以及读者的关注。也要感谢自己，依然有这份勇气、坚韧和精进之心。

如果从进入法律之门算起，已有 40 余年，已经深深地打上“专业”的烙印。但是，我一直认为，能够用简单明了的语言讲清楚复杂晦涩的专业问题，是一种境界，也是我所追求的——无论是曾经从事的法律教学工作，还是现在的律师执业以及专业写作。

这一切，是终章，也是序曲。

写于 2024 年 6 月 19 日，同年 11 月 22 日定稿